How People Buy Online

购物车心理学

让顾客立即购买的电商营销法则

The Psychology Behind Consumer Behaviour

[印] 西玛 · 古普塔 著 Seema Gupta 王阳阳 译

中国出版集团有限公司

世界图书出版公司
北京 广州 上海 西安

图书在版编目（CIP）数据

购物车心理学：让顾客立即购买的电商营销法则 /（印）西玛·古普塔著；王阳阳译 . — 北京：世界图书出版有限公司北京分公司，2023.4
ISBN 978-7-5232-0180-0

I. ①购⋯ II. ①西⋯ ②王⋯ III. ①电子商务—网络营销 IV. ① F713.365.2

中国版本图书馆 CIP 数据核字（2023）第 019177 号

How People Buy Online: The Psychology Behind Consumer Behaviour by Seema Gupta

Originally published by SAGE Publications India Pvt. Ltd.
The Chinese edition is published by arrangement with SAGE Publications India Pvt.

书　　名　购物车心理学：让顾客立即购买的电商营销法则
　　　　　GOUWUCHE XINLIXUE:
　　　　　RANG GUKE LIJI GOUMAI DE DIANSHANG YINGXIAO FAZE
著　　者　［印］西玛·古普塔
译　　者　王阳阳
责任编辑　余守斌
责任校对　王　鑫
特约编辑　刘晨智　吕梦阳
特约策划　巴别塔文化

出版发行　世界图书出版有限公司北京分公司
地　　址　北京市东城区朝内大街 137 号
邮　　编　100010
电　　话　010-64038355（发行）　64033507（总编室）
网　　址　http://www.wpcbj.com.cn
邮　　箱　wpcbjst@vip.163.com
销　　售　各地新华书店
印　　刷　天津画中画印刷有限公司
开　　本　880mm×1230mm　1/32
印　　张　8.75
字　　数　171 千字
版　　次　2023 年 4 月第 1 版
印　　次　2023 年 4 月第 1 次印刷
版权登记　01-2023-0364
国际书号　ISBN 978-7-5232-0180-0
定　　价　59.00 元

如有质量或印装问题，请拨打售后服务电话 010-82838515

序　言

互联网的日益普及掀起了网购狂潮。网购所提供的无限选择、大幅折扣，以及随时随地入店的自由等打乱了传统的买卖交易。

各类品牌都需要提供可信赖的、无缝对接的线上客户体验。虽然在实体世界里商家们能够很好地掌握与消费者之间的互动，但鉴于网络的双向特性，要在线上同样做到这一点却极富挑战性。

尽管无法做到百分之百掌控消费者的线上参与，但如果商家们对他们的消费者的心理能够有所了解，那么情况仍在掌握之中。虽说每个商家服务的受众各有不同，但人类思维的特质依旧放之四海而皆准。

设想一下，如果商家们知道启发法和认知偏差怎样影响购买决定，以及消费者是如何应对心理诱因的，那么生意该有多简单？随着消费者在线上的时间越来越多，大笔的营销预算也纷纷拨给了数字消费，营销者们掌握数字消费者的心理已成了重中之重。

我对影响决策的心理偏好和偏见十分感兴趣。我做了许多关于认知心理学和行为经济学方面的研究，发现这类学科令人十分着迷。我意识到这些学科因其便于操作和检验而在数字营销方面得到广泛运用。由于网上的实验成本低，心理诱因在网上能够得到更好的运用。因此，这些诱因拥有解锁数字营销的潜力。我感叹于数字营销能给创意、设计、市场营销、心理学、媒体和创业领域的专业人士们增添巨大价值，遂开始了这本书的写作之旅。

这本书之所以引人入胜，是因为它从营销者的角度去解读指导人类思维的心理学原则。书中的每个例子都经过精挑细选，以便读者慢慢地内化诱因和认知偏差。这本书介绍了例如任意连贯性、动态定价和零的力量等概念，解释了人类思维如何理解以及应对礼物、优惠券和返现等操作。

本书还揭露了网购的无限选择这一特性怎样把焦点从购买所需品转变成购买渴望之物。此外，本书还引导消费者关注网购是如何营造出一种省时省力的奇妙错觉以及如何呈现现实的。

这本书通过妙趣横生的插图对如何利用市场营销活动中的情绪做了解释，并对如何科学地使消费者着迷这一话题进行了讨论。书中的例子涉及各行各业，展现了不同行业的创造性。

这本书还揭示了消费者参与从文字到视觉这一转变背后的

心理学原因。书中的例子包罗万象，从最严肃的到最滑稽的应有尽有，使得书中的分析令人兴奋。该书还涵盖了记忆能力以及打破障碍进入每个商家都渴望到达的人类潜意识记忆领地的方法。

除此之外，这本书还聚焦通过消费者的眼睛，评估品牌感知度的必要性。书的结尾讨论了每个品牌的商品如何在连贯性和创新性之间达到完美平衡，吸引读者看到最后。

对管理、市场营销、数字营销、创业、创意和媒体行业的专业人士而言，这本书令人陶醉。

书中运用了直白易懂的语言把复杂的理论简化，并结合大量的相关例子，使该书成为想要生意兴隆、创立个人品牌，抑或以市场营销为生之人的必读之作。

这是我参与的最为有趣的写作项目之一，这本书也纯粹因其蕴含的新颖和惊喜而在我心中显得尤为重要。

因此，你还在等什么？幸福地一头扎进来吧！

目　录

第一章　数字消费者的心理 / 001

第二章　让科学重返市场营销 / 009

探索数字心理学 / 010

掌握人类思维 / 010

旧脑对决策过程的影响 / 012

中脑对决策过程的影响 / 014

新脑对决策过程的影响 / 015

未被探寻的认知心理学 / 017

认知心理学对接数字营销 / 018

认知自我主义 / 019

行为经济学 / 020

总　结 / 021

第三章　如何让人说“yes” / 023

互惠性法则 / 025

承诺与一致性法则 / 028

社会认证或认同法则 / 031

喜好法则 / 033
稀缺性法则 / 035
权威人物 / 037

第四章　感知风险 / 039
展望理论 / 040
从众心理："合群"的需求 / 052

第五章　市场营销中的魅力艺术 / 057
忧虑：营销者最锋利的武器 / 068
权力和声望：息息相关 / 070
恶：因为规则就是用来打破的 / 072

第六章　记忆和市场营销 / 077
感官记忆 / 079
短期记忆 / 079
三种长期记忆 / 079
信息重复 / 081
选择性保留 / 082
信息阻断 / 083
峰终定律 / 084
高峰可正可负 / 086
结尾好就一切都好 / 088

品牌突出度 / 088
品牌知名度 / 090
品牌能见度 / 090
品牌相关度 / 091
记忆是有缺陷的 / 091
改写记忆 / 092

第七章 感知：消费者眼中的你 / 095
不同的人，不同的感知 / 097
更高、更大、更好 / 098
我们到底看到了多少 / 099
他们也许看到了，但他们会记得你吗 / 102
框架效应 / 109
主属性化 / 113

第八章 市场营销中的情绪 / 115
快乐：千金难买？ / 116
爱在空气中 / 118
抱负：渴望成功 / 120
忧伤能大卖！ / 122
愤怒管理 / 123
恐惧：面对它 / 124
厌恶：利用反对获得支持 / 125

第九章 你为何要购物 / 129

为需求买单 / 130
为欲望买单 / 131
为他人买单 / 132
为社交买单 / 133
线上购物为何是种福利 / 134
线上购物省时吗 / 135
线上购物的成本效益 / 137
当下流行什么 / 137
买家希望能快速对比 / 139
面对选择，买家是否不知所措 / 139
库存的重要性 / 140
谁不想按自己的条件派送 / 140

第十章 价格即感知！/ 143

导　语 / 144
随意一致性 / 145
零的力量 / 147
社会规范如何影响定价 / 150
强推开源软件 / 151
礼品的力量 / 152
是否应该打折 / 154
价格预期的启动 / 155
数字网红群体 / 157

互联网是否阻碍了启动过程 / 158
玩弄数字 / 159
取整心理学 / 159
为何互联网充斥着末位为“7”的标价 / 160
价格展示 / 160
动态定价 / 162
价格对比的复杂性 / 163

第十一章 社交媒体营销 / 165

社交媒体与人类心理交织 / 166
通过社交媒体创立品牌 / 169
社交媒体内容很重要！ / 170
利用社交媒体中的人类心理学 / 173
个人资料照片的重要性 / 174
社会反馈的重要性 / 175
社交媒体帖子的情绪诱因 / 176
禀赋效应 / 177
从众行为 / 178
重复曝光效应 / 178
接近效应 / 179
缓冲效应 / 180
讲故事 / 180

第十二章　设计完美网站 / 183

心理学在网页设计里的作用 / 184

是不是漂亮的网站就总能成功 / 185

网站的设计层级 / 186

网站的最佳布局 / 188

色彩心理学 / 193

字体排版 / 196

指向性提示 / 197

需避免的设计错误 / 199

第十三章　说服性写作的力量 / 203

说服性写作的小技巧 / 205

标题是你最好的朋友 / 205

标题心理学 / 207

内容营销的心理学 / 213

总　结 / 217

第十四章　图像的力量 / 219

信息图 / 223

格式塔或视觉组块法则 / 236

视觉隐喻 / 237

对称法则 / 240

有序法则 / 241

蔡格尼克效应 / 242

分心法则 / 244
处理流畅性 / 246
什么能创造轰动：什么能病毒式传播 / 246
梗 / 247
幽　默 / 248
政治性帖子 / 249
尴　尬 / 250
可　爱 / 250
场景视图 / 251
中央凝视偏好 / 252
横向视图偏好 / 254
三张人脸 / 257
情绪复杂程度 / 258
文字和图像双管齐下 / 259
对图片的描述 / 261
图片标题 / 262
图片评论 / 262

致　谢 / 265

第一章

数字消费者的心理

自从有了互联网，我们的生活发生了日新月异的变化。只要轻点鼠标下单，货物一天内便能送达，几十年前这种想法还只是天方夜谭。然而今天，这却是我们严重依赖的日常便利。社交媒体的概念一经提出便让人们振奋不已，一时间引得千百万人踊跃加盟。脸书（Facebook）、瓦次普（WhatsApp）、照片墙（Instagram）、色拉布（Snapchat）和推特（Twitter）等社交软件的兴起造就了一个全新的虚拟世界。

每个人都有权利创造属于他们自己的现实并有权决定让谁参与其中。如果你不喜欢谁该怎么办？简单，屏蔽他们即可。只要将他们从你的现实当中删除，他们就仿佛从未存在过似的。谁出现在你的虚拟世界，你想浏览什么内容，想叫什么名字，等等，这一切你完全可以自己说了算。

吸引无数人加入并长时间使用这些社交软件的其中一个原因便是“完全自由”。人们可以在这些社交媒体软件上撒谎（或隐瞒真相），因为软件允许他们这么做。早年间脸书禁止18岁以下的人注册账号（现在改成了13岁）。但这种年龄限制对未成年人来说算不上什么障碍。

由于创建账号时无须出具任何年龄证明，所以即便有这条年龄限制，许多未成年人依旧注册了账号。因为没人来检查你提供给这些平台的信息真实与否，所以有时人们会撒谎。即使有人举报你的账号为虚假账号，得到的最大惩罚也不过是账号被清除而已。

由于别人能看到关于你的什么样的信息都在你的掌控之中，你只要在你的资料照片里给他们展示一张太阳的图片和你最俗气的一个用户名即可，这就使得匿名成风。脸书宣称定期清除的虚假账号有一亿之多，见图1.1。

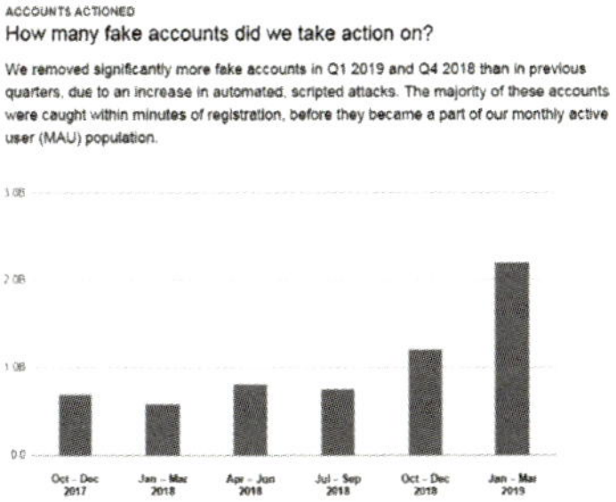

处理的账号
我们处理了多少账号？

由于自动的、脚本化的攻击增多，我们在 2018 年第四季度和 2019 年第一季度移除的虚假账号比同期相比显著增加。大多数此类账号在注册后的几分钟内、在它们成为月活用户（MAU）一分子之前便被查到。

来源：脸书

图 1.1

这就是为什么人们觉得在数字平台上比在现实世界里更容易敞开心扉（去面对他们的性取向问题）。你不但能决定跟谁分享这些信息，还能通过虚假账号袒露自己。

虚拟世界让你有机会找寻志同道合的人，无论他们身在何处，而物质世界里的你不得不根据身边的社会规范去调整自己。

这些虚拟世界让人激动的另一点便是它提供的隐蔽性。没错，你可以当个隐形人！你可以长时间神不知鬼不觉地查询和浏览他人的资料。共有约82%的欧洲人和84%的美国人承认他们会在网上搜寻他们爱慕对象的信息。由于当今的人们喜欢什么事情都分享在社交媒体上，你可以在对方完全不知情的情况下了解到许多关于他们的偏好和日常生活信息。

社交媒体平台比任何人都懂得发挥隐蔽性的力量。脸书有一项给相似的受众推送脸书广告的功能，所以你只需定义你的受众类别或者描述自己的特点，脸书就能把你的广告推送给符合你描述的群体，从而提高广告的互动率。

由于社交媒体的无约束性，人们时常变换性别去感受对方的体验。互联网上人们变换性别的原因有很多，其中有一些更是不可告人。对某些人来说，他们这么做是为了感受另一性别的体验，这一点是物质世界无法实现的。

人类都强烈渴望被接纳。需要被接纳是人类的基本天性——尽管有些人的需求比其他人更强烈一些。我们都想合群，都想要找到归属，所以为了达到这个目的，我们通常会根据身处何地和周围是谁来呈现出稍微不同的自己。不同于物质世界的是，你可以在虚拟世界中控制周遭环境，然后你就可以为所欲为了。

这样一来，虚拟世界便成了通往真我的入口。但除了变换性别和虚假账户之外，人们在这些虚拟平台上还有很多无法称之为理性的举动。真正有趣的是，这些怪诞的行为所有人都在做。虽然我们尽全力做理想中的自己，但我们还是会在不经意间流露出自己的心理偏见。毕竟我们只是区区人类嘛，没错！

你是否想过为什么人们会偏爱通过文字而不是面对面的方式去讨论敏感话题？你心动的对象通过了你的好友申请又为何会让你备感欣喜？通过书面的方式聊敏感话题能让你避开可能会出现的尴尬情景，而好友申请被通过会让你觉得自己已被接纳，这就是当他人认同你的某些观点时你会感觉良好的原因。

更有趣的是，人人都绞尽脑汁地想要展现出良好的一面，其主要原因在于人们总是不断地在社交媒体上互相攀比。

据亿客行（Expedia）的一项研究表明，将近17%的千禧年一代称自己曾以在社交媒体上得到积极反馈为目的选择旅馆或休闲度假目的地。想在社交媒体上“装酷”的想法让人们给自己增加了不必要的压力。这种情感上的反馈会在决策时阻碍我们的理性思维。

问题是我们的精神无法区分物质和虚拟世界。虽然数字平台在许多场合或许能够拯救我们，但我们无法绕开自己的情感宇宙，这意味着导致他/她在物质世界里做出非理性行为的人类精神中的心理偏见，同样也在虚拟世界中引导着他/她的行为。

因为虚拟世界是无拘无束的，它能够创造出许多其他的情境来展现更多的模式和偏好。它能提供和真实世界一模一样的体验，而且还没有束缚。比如，现实世界里同时跟十个人交谈是极其不礼貌也极其困难的。然而，在虚拟世界里与多人同时进行交流十分正常，也是可以被接受的。这样的虚拟世界使得跟人群里的每一个人进行互动成为可能，这就是为什么这些平台能吸引商家们。不仅如此，商家们还可以追踪记录与你进行互动。听上去很疯狂，就是这样！

现在想象一下在现实世界中发生这种场景会是怎样。首先，你需要为每位顾客匹配至少一名员工。员工会问顾客一些细节问题，记录顾客们在店里都看了哪些产品，逛了多久，还要全程陪伴其左右，这想想都觉得荒谬啊！

而在互联网上追踪记录与消费者之间的互动却容易得多。当然，我们这里讲的是虚拟互动，包括你点击了他们网页的哪一块内容，通过什么方式找到他们的网站，花了多少时间浏览他们的网页，查阅了哪些网页，是否下单等等。

这些为商家们提供了丰富的消费者体验资料。别担心，未经你的允许他们不会保留这些信息。当商家们开始着手了解人们如何与他们进行虚拟互动，他们便能够对数字消费者的心理见微知著（见图1.2）。随着竞争日益激烈，了解消费者心理从而为他们提供更好的消费体验便成了重中之重。

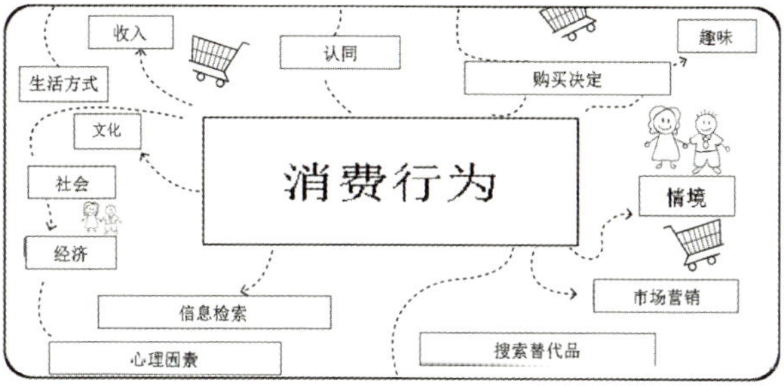

图 1.2

有没有想过为什么奈飞（Netflix）和亚马逊首要会员（Amazon Prime）会提供免费试用服务？你一定会感到困惑，提供免费试用，使用者又没有保证未来会付费，这如何给商家带来利润？为什么商家们越来越注重量体裁衣式的策略？为什么限时特价能让你仓促下单？为什么一个优兔网（YouTube）视频，只要观看次数上百万，哪怕它没有内容描述也会比观看次数仅上千的视频更容易被看到？为什么IOS系统的用户换成安卓（Android）系统会这么困难？为什么一个人不回应你的聊天就会显得没礼貌、思虑不周？

现在就让我们开启探索之旅，探寻复杂的人类思维，以及我们的消费决定如何受这些复杂思维的影响。一路上我们会有恰当的例子保证这段旅程始终令人愉悦。同样地，当你越来越了解人的心理，你将会明白为什么我们会这么做，以及数字平台和商家们是如何把这些知识融入他们与消费者的日常互动和营销活动当中的。

第二章

让科学重返市场营销

探索数字心理学

人类大脑的错综复杂超乎想象，还有许多未被揭晓的谜题。说起对人类大脑的工作机制的了解，研究学者们还只是略微懂了些皮毛。俗话说得好，“千里之行，始于足下”。我们每天都在一点点探索让人徘徊不前的是什么，让人迈步向前的又是什么。

成功的公司把重点放在认知心理学和神经营销学上，并且能够把众多的策略都结合到一项成功的营销活动当中，无论这个活动是传统意义上的还是数字领域的。所有的营销活动都有相同的目标——让消费者们做出对公司有利的决定。所以，掌握人类思维毫无疑问是至关重要的，只有这样才能对消费者产生更好的影响。

掌握人类思维

理解的力量能拯救世界，此话不假。但怎样才能够了解每个人的本质呢？人的行为纷繁复杂，但人的动机却是简单的——我们别无他求，只为满足日常必需。这些需求就是人的动机。掌握大脑和内心的语言能帮助你改善生活中的每段关系。营销者应该时常探寻人们的关切之事，哪怕这些人和你大相径庭。

最该掌握的一点——也是营销心理学许多原则的基础——就是人类的大脑分为三部分，这三部分会在决策过程中扮演重要角色。

大脑的第一个也是最原始的部分被称为“爬行动物脑”（reptilian brain）或旧脑，负责处理与基本生存相关的指令，是人类大脑面对危急情况时做出战斗或逃跑反应的部分。这部分大脑高度视觉化且主要受恐惧支配，因此在决策过程中起到十分重要的作用。

大脑的第二个部分被称为“哺乳动物脑”（mammalian brain）或中脑。由于该部分负责调控我们的感受、荷尔蒙和情绪，所以在决策过程中也扮演着至关重要的角色。

大脑的第三个也是进化程度最高的部分叫“新皮层”（neocortex）或新脑。顾名思义，这部分的大脑进化程度最高，负责理性思维和逻辑，也是我们意识思维的存放地。

我们会倾向于认为新皮层支配着决策过程，但事实却并非如此。

旧脑对决策过程的影响

研究表明，人类深受爬行动物脑的影响。除非恐惧被克服，否则人们不会购物。我们谈论的恐惧可以是类似于东西买贵了或者服务没经过检测这类无关痛痒的事。为了克服旧脑产生的基本恐惧，营销活动要提供细致入微的安慰和保障。

著名神经学家罗伯特·奥恩斯坦（Robert Ornstein）称，由于人类具有基本的生存本能，因此所有人的决策过程都由他们的旧脑支配。所以，你在营销活动中传递出的信息必须是你的消费者的旧脑所能接受的，这一点很重要。因此，必须时刻努力告诉消费者他们可以得到什么服务，而不是一味地展现自己有多强。

视觉是触发旧脑的另一个刺激因素。多数人并不清楚他们自己想要什么，直到他们亲眼看见。你不知道竞赛自行车长什么样，直到你在电影里看到有人骑着最新款；你不知道你想要什么样的音响，直到你偶然发现比你的音响更好的款式；你不知道你想过什么样的生活，直到你发现你亲戚在做的正是你想做的。在数字营销中也是同理，视觉内容发挥着举足轻重的作用。有说服力的视觉内容是取悦旧脑的最佳工具之一。苹果（Apple）的广告就是利用视觉传递信息的一个佳例，见图2.1。

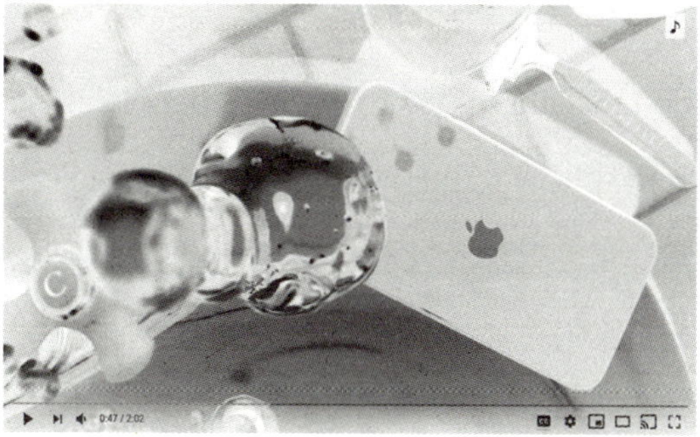

图 2.1　一张苹果 11 广告的截图

苹果能打造出绝佳的广告吸引观众从头看到尾。苹果产品的广告简明扼要，魅力十足。广告中展现了新款苹果手机令人兴奋的特点以及它如何能够使用户的生活更美好。在上面的图像中，苹果展示出了产品更好的异物防护等级（防水基准），因此当手机接近液体时你无须再担心。

由此可见，动用信息图、照片、插图和视频能起到事半功倍的效果。

脸部识别/模式识别是一个非常经典的例子。数十年来，心理学家一直对两种思维模式感兴趣。系统1会自动运行且十分迅速，对有意识的控制几乎没有作用，而系统2更注重包括复杂算数和操作在内的心理活动。当我们看一个人，我们会基于非语言的线索不假思索地得出结论。用外行人的说法，这就是第一印象。

在数字营销中，系统1的思维极为关键，正如指导营销策略的那句俗话所说的——“最初的印象就是最后的印象”。

以领英（LinkedIn）的资料图片为例（见图2.2）。我们的认知会认为这张照片里的人很有能力，你很可能不查证件就决定与其合作。照片里的这位女性看起来很亲和也很专业，这就是系统1思维的一个例子，其特点是运行迅速，且受非语言线索影响。

图 2.2　一张完美的领英资料头像

同样的类比也适用于优兔网、照片墙和脸书视频上的视频缩略图。你更愿意点击能引起你兴趣的视频。大部分公司会在社交媒体营销上花费大量的金钱，以创造良好的第一印象，这也说明了在数字化世界中认知心理学有多么重要。

中脑对决策过程的影响

网页成功通过旧脑的考验后，还需克服情感的障碍，也就是中脑的控制。弗吉尼亚大学（University of Virginia）研究员蒂莫西·D. 威尔逊(Timothy D. Wilson)在2005年的一项研究表明，人们做决定大多基于一种叫情感预测的东西，这意味着人们会考虑这个决定在未来所产生的情感影响，而这种影响会极大程度地左右他们的购买决定。

营销者们可以展示类似下图(图2.3)的照片，让消费者们也能把自己想象成其中一员一起微笑。换句话说，这张图用一种良好的方式展现了英国留学的影响。

图 2.3　一则英国留学的广告

新脑对决策过程的影响

只有当通过了旧脑和中脑的防御机制后，你的营销活动才会到达消费者的新皮层，即新脑。至此，你的消费者的大脑才开始分析起关于定价和其他产品特性的信息。营销者最重要的一个工具就是一定的对认知偏差(心理捷径)的应用知识。

认知偏差最让人感叹的一点在于，人们对自己的易受影响毫不知情，却又甘之如饴。

比如，产品的价格是一门学问。有意思的是，菜单里昂贵的主菜即便在无人问津的情况下仍能提高餐馆的利润，这是为什么呢？因为虽然人们通常都会避免点最贵的那道菜，但他们大多数情况下会点第二贵的那道。因此，餐馆加上一道昂贵的菜就能使消费者选择次贵的选项。这样一来利润就提高了，这就是“诱饵效应”。

你是否曾使用过曲奇饼干的免费代金券，即便你几乎不吃曲奇？自助餐时拼命地吃又是怎么回事呢？即便你的肚子已经塞不下了，但众所周知免费的食物特别香。免费是情感的热键，背后充斥着非理性的激动，而作为营销者，你需要利用好这一事实。

心理学不仅影响定价，还在锁定营销目标群体时起作用。我们为什么需要在数字营销活动中对不尽相同的人群进行思维、行为和反应上的锁定和划分呢？伴着手机睡觉的年轻人和连孩子名字都记不住的耄耋老人，这两者的大脑是完全不同的。从众效应是一种认知偏差，会让你想要追随大众的观点。在真实世界里，这种效应在政治运动中有迹可循，犹豫不决的选民会倾向于把票投给领先的候选人，无论此人的意识形态和他们的政治信念相同与否。在数字营销中，现身说法和利用统计资料能让人潜意识里认为大多数人都在使用和他们同样的产品和服务。

我们的行为背后都有一套公式，一旦你将它成功破解，就再也回不去了。

未被探寻的认知心理学

现在你对人类大脑如何工作，以及营销活动如何通过大脑的不同部分产生影响有了一定的了解，那么接下来我们谈谈为什么人们对某种特定情感会有特定的反应。人类行为无论看起来多么单调乏味，实质都在满足一种或一些日常需求。固然人类行为多种多样且错综复杂，但在动机层面，你我都一模一样。你为什么会这么做，这背后都有特定的依据，一旦你意识到了这一点，你就能破解人的心理和行为。

想象一下你参加商业会议或做演讲时的情景。99%的概率你会倾听和关注那些西装革履的人的意见。而对于穿着T恤和短裤的人，你就不太会看重。虽然着装和能力之间没有直接关联，但你依然会偏好前者。为什么呢？归根结底是因为人们擅长把自己的行为合理化，而作为营销者的你必须预见到他们的思维模式。丹·艾瑞里（Dan Ariely）曾说过：“我们的不理智完全在意料之中！”这话一点也不假。

认知心理学不仅仅关乎你为什么会有某种特定的表现，还关乎大脑如何获取、破译和使用信息，从而使我们有某种特定的表现。

认知心理学对接数字营销

科学家花费了数年才弄懂如何用通俗易懂的方式解析在数字空间中运用人类心理学的科学。当一个潜在消费者访问你的网页，心理学中有一些知识能让你预测他的行为。比如，营销者们知道消费者会更注意页面左侧的东西而不是右侧，这就是为什么许多公司把导航选项放在左侧的原因。行为心理学还能预测消费者在浏览你的网页时眼睛如何运动，他们查看你的内容有多迅速，以及网页加载缓慢时他们多久会感到烦躁。

举个例子，为什么人们会如此关注某个链接的着陆页面呢？

请看这两个着陆页面（图2.4和图2.5），它们都提供类似的网上服务。你更喜欢哪个？你觉得两个着陆页面的转化率是多少？你肯定已经猜到了，第二个着陆页面比第一个要有效得多。第一个着陆页面太复杂，会让用户产生一种不确定感。公司的着陆页面要是充斥着一大堆可有可无的信息那可是灾难，因为人类大脑的注意力只能维持短短几秒，所以你必须确保在最短时间内最大限度地传递信息。由此可见，认知心理学在数字营销中有着举足轻重的作用。

图 2.4　第一个网站的着陆页面

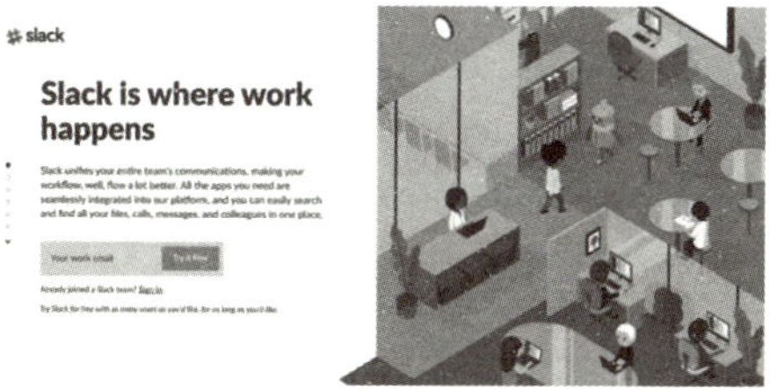

图 2.5　第二个网站的着陆页面

认知自我主义

大多数人都会被与自己或多或少类似的事物所吸引，这种现象叫作“认知自我主义”。对于每天都跟消费者打交道的人来说，认知自我主义十分关键。划分和锁定等标准营销手段是认知自我主义的推论。我们应该对自己的目标消费人群有细致入微的了解，然后打造出完美契合消费者感受的品牌信息，毕竟满足现有需求比创造需求更简单。

我们通过自己的感官和认知获取关于世界的知识。接纳信息之后，我们会做一些认知处理，从源源不断的感觉中提取有趣、有启发性的信息。经过过滤筛选后，我们依据一些相关信息做出合适的反应。我们举的着陆页面的例子就包含这个道理。我们的大脑得出结论所需要依据的信息是有限的，信息太多反而难以过滤。

认知心理大概是当今心理学最主要的范式。它覆盖范围广，可以运用在理疗、社会工作，甚至市场营销等众多领域中。

行为经济学

在上一节内容里，我谈到了人们为什么会表现出某种特定的行为。这一节我们来谈谈为何人们会对特定的体验做出特定的反应。

杜克大学（Duke University）对工商管理硕士（MBA）学生如何选酒做了一项研究，其结果揭示了个人所处的环境是如何影响对酒水选择的事实。更想要在自己社交圈子中出风头的人会和朋友们点不一样的酒水，这样会让自己显得与众不同。

这表明，人们有时会愿意放弃自己的喜好，只为让自己在朋友眼里显得与众不同，惹人关注。这里的奥秘在于，强烈追求标新立异的人可能会牺牲个人效用去获取声誉效率。

前一个实验里有一点我需要强调一下。标准的经济学假定消费者是理智的，认为他们的逻辑会战胜情感，认为他们是在决策过程中已经把所有可能的结果都考虑到了之后才得出最终的结论。

标准经济学假定做决定时你是理智的。即便你的决定错了，你也会很快从中吸取教训，今后会做出更好的决定。但实际运用时，所有这些公理和理论全都不灵了。很多时候，我们在做决策时都是不理智的。有趣的是，这些不理智又都可以预料。由于大脑基本回路的缘故，人类总是在重蹈覆辙。

因此，行为心理学作为心理学的另一大分类在数字营销中也有运用。一个恰切的例子就是亚马逊做出"亚马逊精选"来把网站中最好的产品呈现出来。

这些我们在后面的章节里都会有更详细的讨论。

总　结

营销心理学很复杂。需要记住的最重要的一点是：人们做决定时往往并不理性。我们大脑的复杂程度超出想象，要想策划一个能取悦大脑所有部分的营销活动并不简单。虽说如此，但也并非绝无可能。这需要你掌握大脑结构，并愿意尝试不同的方案，直至找到能满足预期的那套方案为止。

第三章

如何让人说“yes”

非常明确的是，数字世界及其居民都容易被说服且极易受影响。数字劝说无拘无束的特点使它如此有力且截然不同于现实世界。劝说策略在数字营销中有广阔的应用范畴。只要相连于同一数字平台中，任何地方的任何人就都能对对方进行劝说。同时，劝说性内容会一直有效，并没有时间限制。不仅如此，这种劝说的实时性也使得后续行为能够在第一时间展现出来。

让我们来看看说服他人，让他们顺应你的意愿做你想做的事需要哪几个步骤。然后我们再讨论怎样激励他人去遵循你的提案，以及如何防范被人诱使说“yes”。你将会学到影响力的核心法则——互惠性、一致性、社会认同、喜好性、稀缺性和权威性（图3.1）。让我们一起对每条法则逐一进行详述，寻访背后隐藏的科学，并探讨其如何在数字营销中得到运用。

影响力的核心法则:
互惠性
一致性
社会认同
喜好性
稀缺性
权威性

图 3.1　影响力的核心法则

互惠性法则

顾名思义，互惠性是指投桃报李的相互协定，它被认为是最有力的人类天性之一。简单来说，这一法则意味着“如果你为我做了事，那么我有义务也为你做些事作为回报”。如果有人请你去参加他/她的派对，社会的约定俗成会让你觉得将来也该邀请他/她来参加你的派对。互惠性法则深入人心，我们得到好处就有义务去回报。

更有意思的是，作为报答，人们很有可能会答应请求！你是否注意到为什么我们更有可能去帮助曾经帮助过我们的人？为什么国家之间要结成同盟？为什么人们要抱团工作？

甚至在市场营销中，这种劝说技巧都是常规操作。比如，如果公司提供产品和服务的免费试用，则该公司更有可能建立起忠实的基础消费群体。

互惠性法则注重加入个人风格和优秀的用户体验。研究发现，在试图劝说人们回应营销问卷时，如果在问卷上贴上便利贴一并送出的话，能把回应率从34%显著提高至43%。如果问卷上还有手写的留言，那么回应率会飙升至69%。

这里所讲述的互惠性法则是用一种非常规的方式向你的消费者表明你很感激他们选择了你。当你向他们表示出谢意时，人们不仅以更高的百分比回应问卷，更会严肃对待问卷中的问题。

让消费者觉得自己特殊，在他们脑海里注入“倍爽因素”，这会让他们认为我们的举动给他们带来了好处，应该得到回报，这都是为了形成忠实的消费群体，为他们创造一种体验。这么一来就会鼓励他们回购公司的商品。

我们处在一个全自动的时代。正因如此，亲笔手写的纸条才会威力无穷。而这种威力被一家名叫Hex的公司完美利用了。这条策略使得该公司能在强者林立的市场里争得一席之地（见图3.2）。

我们的大脑是个十分复杂的器官，会倾向于忽略不重要的信息，并高度关注重要的事物。一般意义上来讲，重要的事物常常就是指任何信息的开头和结尾。所以，你必须确保你的“告别”和你的“开场白”一样郑重。

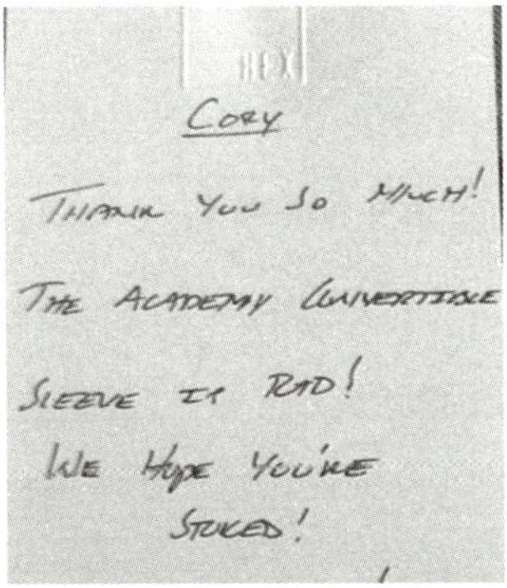

图 3.2　线上零售商 Hex 致一位消费者的个性化留言

手写纸条的运用让他们生意兴隆，并拥有了一流的消费忠诚度。

只需手写几行字，就能与消费者建立起宝贵且持久的关系。

互惠性法则还有另一种运用方法，能让人遵循你的请求，这叫作“互惠让步”或拒绝。你有没有注意到，当走在满是街边摊贩的路上，你能目睹多少讨价还价吗？每个人都在买东西。卖家从自己的角度出发试图避免任何此类的协商，而买家从自己角度出发则继续砍价。道理很简单，就是先喊个让买家无法接受的更高价，让买家拒绝。然后，你再开出较低价，这个价格也正是你一开始就想卖的价位，这让人类大脑认为你已经为他们做出了让步，进而增加了成交的概率。零售商店同样也在用这一招。店家会不断给消费者展示店里最贵的那款，如果消费者同意购买，那么对店家而言有百利而无一害。但如果消费者拒绝了，店员则会拿出一款定价更合理的型号，此时购买这个产品的概率就提升了。

在下面图3.3提到的这个案例中，印度眼镜电商Lenskart试图在消费者脑海里灌输一种思维模式，让他们认为商家已经让利，低于市场价的定价已经压缩了商家的利润空间。**如果能在折扣上标注有效期限那更是锦上添花**，这能进而引入稀缺性法则（本章的后文会提到），提高用户响应所号召行为的概率，也就是在网上下单购买该产品。

图 3.3　一张印度眼镜电商 Lenskart 的折扣截图

承诺与一致性法则

当个体获得并参与特定社会和文化价值观、规范和信仰以及一般的社会标准时，社会化进程便开始了。这种进程大多始于幼年，以家庭作为主要源头，其后我们的同龄人作为次级源头，它们一并塑造着我们的信仰体系。这种价值体系的其中一种就是承诺与一致性。如果有人违背了当初给你的承诺，你会做何感想？糟糕透了。食言的后果多半很难堪。事实是人类在努力保持一致性。社会大多也会看轻食言而肥的人，这导致个体在面对承诺时犹豫不决。作为消费者，他们会尽量避免掉进商家虚假承诺的圈套。

这正是为什么每个商家会给新用户提供特殊折扣的原因。他们明白消费者害怕对服务或产品不满意。为了克服这种心理，商家们就会专门给新客户打折。

像印度两大外卖巨头Swiggy（见图3.4）和Zomato这类商家把这一法则运用得炉火纯青。亚马逊同样也用这一手段，通过提供大幅折扣来吸引人们使用亚马逊支付（图3.5）。

图 3.4　印度外卖巨头 Swiggy 给新客户的折扣券

图 3.5　亚马逊通过折扣券吸引消费者

鉴于损失规避法则（详见后文），他们知道消费者不想错过这样的折扣。

这种现象被称为“登门槛”（foot in the door）效应。

简单来讲，承诺与一致性法则就是指人们更容易履行他们已经说过或做过的。未能履行约定会使他们陷入一种叫“认知失调”的状态。当行为和态度或观点不一致时，会产生一种十分不愉快的伪善者的感觉。因此，人们总是愿意通过改变和调整自己的行为来避免陷入认知失调状态。

比如，当下大多数网站都要求用户通过谷歌（Google）或脸书登录，见图3.6。

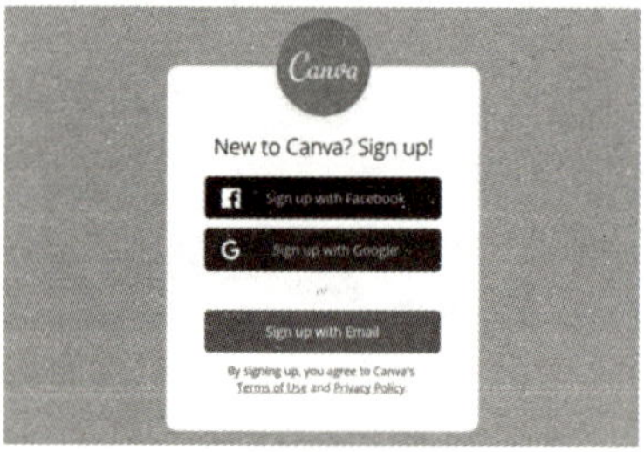

图 3.6　一张 Canva 网站要求你通过谷歌或脸书登录的截图

这是因为人们非常广泛地使用谷歌和脸书，并信任这两家公司会妥善保管他们的个人详细信息。除非不得已，否则他们不太可能注册一个新的账号。

也正因如此，人们会避免在一个新网站中输入他们详细的信用卡信息，但在苹果或亚马逊网站输入这些时就舒坦得多。

社会认证或认同法则

你一定已经注意到情景喜剧里的背景笑声，或许已经对此不耐烦了。但你是否想过使用背景笑声的确切原因是什么？当人们不确定该做何反应时，他们会向周围的人寻求线索和指引。电视台使用背景笑声引导观众做出积极反应，这么做通常会受到广泛的好评，也会提升观众保留率，这和想合群的冲动紧密相关。

这就是那些有公共论坛以供人们分享思想和观点的网站成功的原因。人们喜欢依赖志同道合的人的观察和意见去指导他们自己做出决定和行动，这就是人们为什么更容易点开观看次数达百万的优兔网视频而不是只有几千几万的那些的原因，见图3.7。

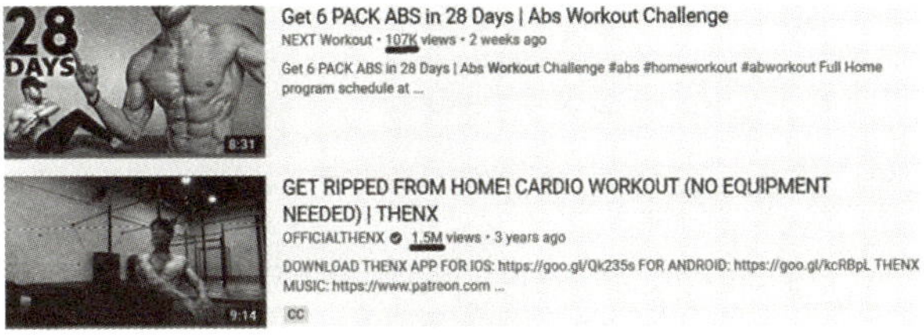

图 3.7　优兔网搜索“锻炼”

这一法则和损失规避法则有关联。

那么，如何在数字营销策略中应用这条法则呢？其中一种方法是通过收集证言让你的产品看起来很真实。给你的消费者展现他们的同龄人也支持你的产品或服务的事实，这一点非常关键。在今天这个数字时代中，有各式各样令人兴奋的方法去推销产品，而不需要用传统的搜集证言作为社会证明的方法。你可以结交和你目标人群一致的各大博主，借此推广你的产品。你也可以写评论，这些评论在线上营销中通常就是必看的证言。

人类超过66%的自身形象都基于社交圈子，这就是为什么当一个人在事态不明朗左右为难时，他/她就会开始把自己想象成他/她所代表的那个团体的其中一员的道理。举个例子，如果要策划一个智能手机的营销策略，营销者可以从他们目标人群的角度出发，比如囊中羞涩的学生或需要良好拍摄性能的摄影师。

我们能够通过建立扩展链接来利用人类的这种心理，这不仅能为我们提供网站认证，还能提升搜索引擎的整体最佳化得分，进而改善我们的谷歌搜索排名。

电视广告有一个高明的策略，就是把“接线员正在就位”这句平常的广告词改成“如果我们的热线正忙，请稍后再拨”。这样做，他们就能改变消费者的思路，让消费者以为他们的服务需求量很大。

在网络世界里你也一样能利用这个原理，比如你可以引入计数器来显示多少人已经购买了或支持这款产品。由此可见，大众的智慧能够成为一种强大的武器，只要你懂得如何运用它。

喜好法则

喜好法则告诉我们，自己对某种人的偏好在劝说艺术中扮演着什么样的角色。有所取舍是人的基本特性，就和其他基本人性一样，对此我们无法完全掌控，这一点便成了我们劝说宝库中一种能被利用的强大法宝。我们喜欢和自己喜欢的人合作，如果我们喜欢他们，那么同意并达成一致的概率便非常大。用商业用语来说，喜好可以分为三类：（1）他们是否与我们相似？（2）他们是否对我们表示赞赏？（3）他们是否表示出了合作的意愿？

鉴于社交媒体四通八达且对任何人开放，你有足够的便利能获取信息去大概了解某人和你有哪些共同之处，又有哪些不同。

Tinder社交交友软件就是公司把数字媒体的力量与人类的喜好心理充分融合的一个经典案例（见图3.8）。约会是千禧年一代人热议的话题之一。只需往右一划就能找到一个人，这让这一代人非常感兴趣。想象一下，能在这个繁忙的世界里遇到和你志趣相投、观念相同的人会有多开心。

图 3.8　Tinder 关联声田（Spotify）

最近，Tinder 推出了一个新功能，用户能关联他们的声田（Spotify）账户，让别人知道自己喜欢什么样的音乐。

不仅如此，Tinder 还支持关联照片墙账号，让用户的潜在匹配对象能够了解自己的生活方式。

你们是否有相似的信仰和背景？你们是否来自同一个小镇？他们最喜欢哪只篮球队或电影院？所有这些都能成为建立友好关系的绝佳基础，并能有效确保协商的顺利进行。例如，在销售谈判期间，甚至同性或同龄都能给互动带来正面影响。

但假如你和另一个人毫无共同点，你该怎么做呢？出现这类情形时，“变色龙效应”便开始发挥作用。变色龙效应是社会心理学家用以形容在社交情况中出现的镜像模仿，即为匹配伙伴而调整自己的立场、句式和交流方式的做法。变色龙效应能促成并强化共情、喜好和联结，而这三点正是使互动更顺畅、更有成效的因素。比如，你在看电影时见到一位演员做了个诸如嘟嘴或微笑的面部表情，而你最后也做出了同样的表情。看到别人打哈欠自己也开始打，也是同理。

重复打广告会催生熟悉感，进而产生喜好感。大家每天都要接触数以百计的广告和邮件。虽然看上去这些广告和邮件收效甚微，但大多数情况下，人们在尝试营造周围环境时，会因为变色龙效应而受到这些广告的影响。假如你正计划买一台电视机，你会不由自主地想到电视广告营销中展示的许多新式电视机，这是因为你的中脑比其他大脑部位更关注这些广告。如果你接触了许多关于QLED技术的广告，那么你可能会偏爱QLED电视而不是LED电视，结果买了前者。

喜好法则在线上交流中有着关键应用。无论是与水平相当的同事，还是同另一大陆的品牌经理间交流，书面文字都有一个不友好的缺点，它无法传递任何非言语线索，而我们很大程度上正是基于这些非言语线索来审视他人的，这一点不容忽视，尤其是在进入一段可能获利颇丰的新关系时更是如此。

为弥补这一点，职业工作场所在专业消息中会加入表情符号，来尽可能清楚地表达这段对话的腔调。释放你人性的另一面并不可耻，有句话说得好，“即便你是在用电脑交流，你也不必让自己听上去像个冷冰冰的电脑”。

稀缺性法则

用最通俗的话讲，稀缺性法则就是人们会给稀缺事物赋予比常见事物更高的价值。该法则是经济学中供求关系的核心。想想那些收集棒球卡的人，或者只为得到一份近期炙手可热的亲笔签名就在书店外扎帐篷的人。这两种人都认为稀有物品值得被拥有，而这个理由就足以让他们去争取该物品。

当政府禁止某物品或禁播像雷·布拉德伯里（Ray Bradbury）的《华氏451度》（*Fahrenheit 451*）这样的电影，抑或当某公司宣布将下架某款产品，比如2014年的iPod经典款，会发生什么呢？所有这些东西都会经历需求的飙升，人们会愿意为之付出高于原价四五倍的钱。

稀缺性这一概念与害怕失去的心理紧密相关，而患得患失的心理通常会促使人们做出试图避免预期损失的决定。那么如何在你的营销中运用这一策略呢？你可以制造一种紧迫感，让人觉得如果不尽快采取行动，他们就会失去当前还有的东西。

Udemy在线课堂这样的网站运用了被心理学家称作“限期策略”的做法，见图3.9。

图 3.9 Udemy 网站采用稀缺性法则的截图

基本上，他们采用了某种时间框架，在该时间范围内折扣才有效，再加上对行动的召唤，就形成了一种紧迫感。

让我考考你，看你是否能分辨出这两句话之间的区别，即“别错过这次机会”和“利用好这次机会”。前一句话听起来更令人兴奋，会在消费者脑海中制造出紧迫感。

在使用稀缺性法则时需要考虑到一点，那就是这种策略的效果并不是线性的，这意味着如果所有东西都在打折，那么人们就会习惯于这种稀缺，使它成为新基准。如果不是只有一小批超级英雄，如果每个人都有超能力，那么超能力就不再是超能力，而只是一种特质而已。大公司采用三成经验法则，意思是如果你要促销某种产品，那么你应当确保该产品的数量低于公司或品牌所有产品的30%。

权威人物

该法则只是利用了我们人类的一种倾向，即更容易信任学识渊博的、可信赖的专家。我们尊敬权威人物的驱动力来自我们一直是社会结构的一部分，而社会总有等级。试想一下，如果警察走近你要求你挪车，你会有什么样的反应。在这种情况下，你大概率会照做，因为你认为警察完全掌控了情形。事实上，在这些情况下，人们不但会遵守，还会觉得他们甚至都无权挑战警察提出的任何要求。

微妙之处不在于成为一名权威，而在于你得看起来像权威。罗伯特·C. 奥尔丁（Robert C. Aldine）说得好，“实现服从重要的通常不是内容（content），而是内涵（connotation）”。制服当然有用，因为象征着权威。制服的概念也能非常顺利地转化到市场营销中来。你会买哪个公司的产品，是自吹自擂的公司还是有他人担保的公司？如果此人是在他/她领域里公认的专家，那就更好了。试想下，使用“十位专家九位认可”这样的话语的营销活动会产生什么效应。他们的产品会因为第三方的支持而获得可信度。

深入人的思想并合理利用这些劝说技巧来发展商业，会收到不错的成效，见图3.10。

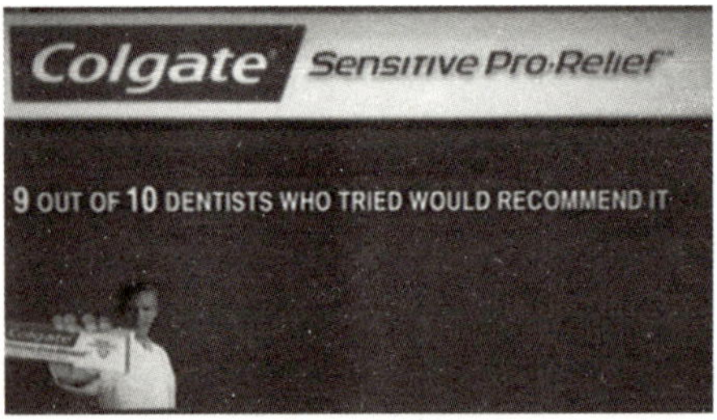

高露洁 专业缓解敏感

试用过的牙科医生 10 位中有 9 位推荐它。

图 3.10 高露洁利用权威性法则获得优势

第四章

感知风险

“人是理性的动物。”和其他生物不同，人会在仔细评估所有选项后做出明智的决定。人会有意或无意地研究各种选项所包含的风险，这是因为风险在生活中无处不在，而一旦做出决定就会影响到未来的结果。

在消费者理论中，“感知风险”是指当下消费者在购买到他/她想要的东西以前所考虑的风险。仅仅一些顾虑就会对买家的行为产生极大影响。因此，作为一名市场营销人员，消除潜在买家的顾虑并减少己方品牌所涉风险就成了责任。

为了提振你的生意，你需要了解如何管理不同风险，如何管理人们实际购买你方品牌的渠道，并消除买家思维中的风险障碍！

展望理论

野马（Mustang）掌舵人李·亚科卡（Lee Iacocca）在解救公司于危难的过程中扮演了历史性角色。1980年，克莱斯勒集团处在瓦解的边缘，时任菲亚特·克莱斯勒汽车公司（Fiat Chrysler）首席执行官的李提出了一个想法。他宣布了一项政策，任何新顾客如果对新购买的车不满意，可享受30天退款。

这个概念震惊了所有人。人们预计新顾客会借各种不喜欢车的理由大量退车，濒临倒闭的公司显然会遭受巨大损失！

然而，结果却完全出人意料。车的销量反而增加了，退车的总量还不到那年克莱斯勒售出车辆总数的1%！李的这项举措给了消费者一种“零风险”的感觉。在消费者心里，它意味着丝毫不会有损失的情况。

这次成功可以用丹尼尔·卡内曼（Daniel Kahneman）和阿莫斯·特沃斯基（Amos Tversky）的“展望理论”来解释。该理论认为，“人们做决定的依据来自得失的潜在价值，而非最终结果”。

作为一名市场营销人员，你需要记住以下展望理论三大要素：

1. 确定性效应
2. 孤立效应
3. 损失规避效应

确定性效应：哪里有利润，哪里就有买卖

人们是根据当前收益而非当前损失来做决定，会挑确定有利

润的买卖，这是源于“确定性效应”。

让我们试想一个例子，见图4.1。

图4.1 网站的折扣优惠

上面两张图，你的第一反应会更倾向于选择哪个？70%的人会选第一个折扣，即便第二个折扣有可能力度更大（取决于购买的两款产品的价格）。

这是因为，在第一种情况里你不用损失任何东西，也不用花费额外的钱，就能确保得到额外的一件。可是，为了使用第二个折扣，你必须先花钱购买第二件产品才能对两件产品使用5折优惠。你的大脑会认为这是一笔额外消费，而该折扣只是有获利的可能（而非一定）。

“确定性效应”导致了这样的决定，你作为买家会选择确定的、必定的利润，哪怕利润微薄，而非相对较多但并不确定的利润。换句话说，买家的大脑通常更容易被100%有保障的当下利润所吸引。

让我们举个例子来说明。

假设你有两种折扣的选择——第一种是直接拿1500印度卢

比，第二种是刮奖赢双人国际游。

这两个选项，你更可能选哪个？

同样有超70%的人会选第一种折扣。鉴于这两个折扣所能得到的收益，这个选择存在争议。国际游的价值比返现多不止十倍，但买家的大脑会轻易被第一个折扣所吸引。

做出这种决定的原因在于，第一个折扣提供了当下利润，确定可以拿到100%的返现金额。而第二种情况下，所有消费者中只有少数人能赢得旅游。因此，赢取收益的概率并不是100%。

这也解释了为什么90%提升到100%比80%提升到90%更诱人。

我们此前讨论的确定性效应在产品“定价”上会有重要启示。

让我们来考虑下“买一送一”的情况。

试想第二件免费会让公司承担多少成本？你的答案可能是：基本等于第一件产品的价格。事实上确实如此。这时战略业务部门就该发挥作用了。我们需要记住，第一件产品不会影响我们的利润；然而，第二件势必会减少利润，因为第二件不仅包含了产品成本，还包括促销成本。因此，第一件产品的定价应当包括你的这两项开支。

损失规避效应：没人喜欢损失

可以从另一角度去看待向消费者让利的做法，即提供折扣以规避损失。人们更倾向于规避损失，而不是获取相同额度的收益。有研究表明，人们喜欢得到的程度比不上厌恶损失的程度。因此，仅仅是损失就会使消费者望而却步。

据卡内曼和特沃斯基的研究表明，“损失和劣势对偏好的影响大于收益和优势”。这被称作“损失规避效应”，见图4.2。这种恐惧或损失的“风险”能被用作发展营销技巧，以提升转换率。

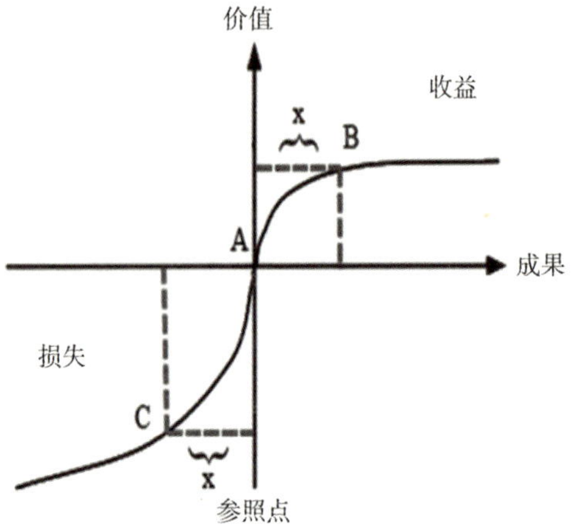

图 4.2　图表显示损失规避的效果

亚马逊创造出24小时的时限让消费者去购买“当日促销产品”，给消费者24小时去做决定好好把握这次促销，不然就失去折扣，这就自动加快了转化进度。

当网店提供“闪电促销”时也运用了类似的技巧，见图4.3。

距离促销结束还有
00 天 03 小时 24 分 01 秒

特价：买 MonsterInsights
享 8 折
折扣码：SAVE20

图 4.3　限时促销

倒计时会给网站访客制造出一种紧迫感，使他们最终变为买家！

营造损失感的另一种方法是向网页浏览者展示“库存紧张”，见图4.4。

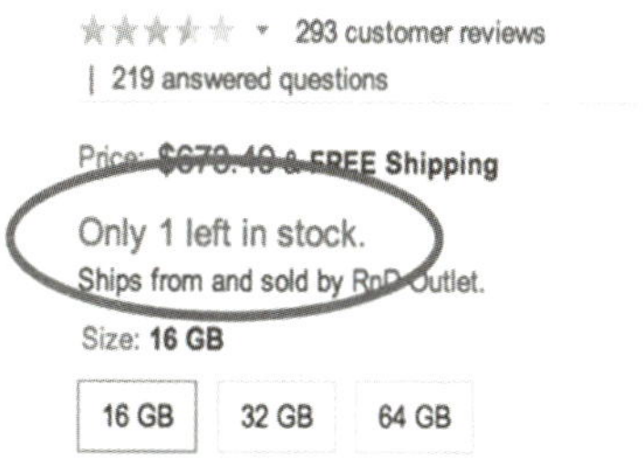

293 条顾客评价
291 个被回答的问题

价格：678.40 美元 & 免运费

仅剩 1 件
卖家和寄件人：RnDOutlet
规格：16GB
16GB　32GB　64GB

图 4.4　库存紧张

这种情况下，我们知道只有有意购买该款产品的人才会去点击各种款式寻找参数。因此，这时候就该让他们意识到他们心仪的产品可能一会儿就要售罄了，这又会创造出一种“害怕失去”的感觉。下面图4.5也是个相似的例子：

喂……
你好像落了什么东西
在购物袋里

现在购买，以免售罄。

图 4.5　购物车商品的提醒消息

当消费者把一件产品加入他们的购物车，对我们来说很明显他们有意购买这款产品。提醒他们把想要的产品落下了，而且稍后可能就买不到了，这不仅能使他们回到网站，而且能在他们的心里制造出一种遗弃感，这就像是在提醒他们失去原本青睐的东西会是什么感受！

另一种普遍使用的损失规避技巧是“优惠券”。优惠券与之前所讨论的方法有所不同，它是消费者不用详尽浏览网站就能得到的收益；因此，它实际上是他们免费得来的东西！不仅如此，优惠券的折扣力度通常都让人难以拒绝，见图4.6。

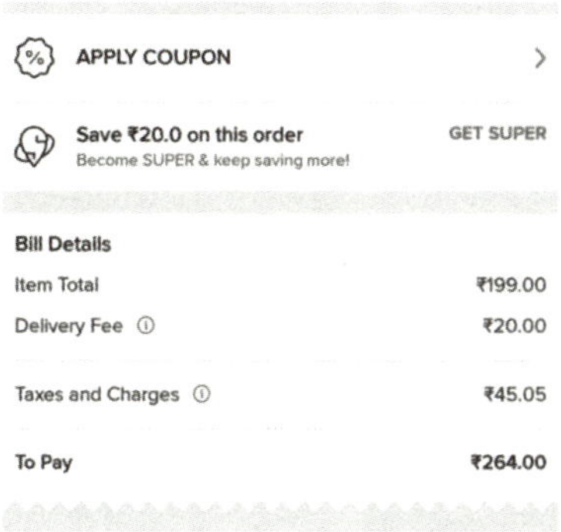

使用优惠券
本订单节省 20 印度卢比
成为超级用户
成为超级用户，享更多优惠！

账单详细内容
商品总额　199 印度卢比
运费　20 印度卢比
税费　45.05 印度卢比
实付　264 印度卢比

图 4.6　优惠券代码

在上图中，商家提供了折扣优惠券代码，可以在下单或支付时使用。通常会有“优惠券代码”或“促销代码”来激活数字优惠券。当代码被输入既定的框内，折扣就会自动减少消费者的实付金额。消费者通过这些代码就能利用公司提供的大量的折扣和促销。那么问题来了，这如何能使卖家获益呢？卖家如何收回这些大幅折扣的成本？所有这些问题都能在“条款和条件”这一用语中找到答案。

再仔细浏览提供的优惠券，消费者会意识到该折扣只能最多提供特定额度的优惠（下面图4.7的例子里额度为100）。然而到那时，餐馆已经引起了他/她的注意，那么对他/她来说，损失半价折扣比花费额外费用去使用该折扣还要难受。

3.9 星 30 分钟 200 印度卢比
70% 送达时间 两件

129 印度卢比以上的订单立减
50%，最高减免 100 印度卢比

图 4.7 有上限的折扣

如果一开始就没有折扣，消费者可能都不会注意到这家餐馆。但一旦注意到了，每个价格都因为他/她手里的优惠券而显得低廉，买家的大脑会把这看作一种收益。最初的“五折”就像磁铁一般吸引着餐馆页面的浏览者，接着从餐馆页面浏览者到买家的转化会由他们的大脑自己完成！

“条款和条件”还有另一种形式，即“最低消费”标准。让我们举个例子来说明，见图4.8。

登录获取以下优惠券
只能在收到后使用

满 2200 印度卢比减 200 印度卢比
适用于所有产品
2020 年 9 月 3 日 11：58—2020 年 8 月 4 日 11：58

满 3300 印度卢比减 300 印度卢比
适用于所有产品
2020 年 9 月 3 日 11：58—2020 年 8 月 4 日 11：58

满 5200 印度卢比减 620 印度卢比
适用于所有产品
2020 年 9 月 3 日 11：58—2020 年 8 月 4 日 11：58
领取所有

图 4.8 优惠券代码的另一样例

作为一名消费者，你下单的物品价值可能低于优惠券要求的最低额度。但由于急着兑现“折扣”，你会推着你的“购物车”添加更多商品。

向购物车内添加更多商品成了一件互利共赢的事。买家得到了本得不到的折扣，而卖家则做成了本可能无法做成的买卖！

孤立效应：独特，而非差别！

在一个诸如电子商务网站的电子平台中，商品的罗列和定价计划起着重要作用。试想你必须为自己买一支笔，且你打算在网上下单。搜索后，网站给出了如下图4.9的选项：

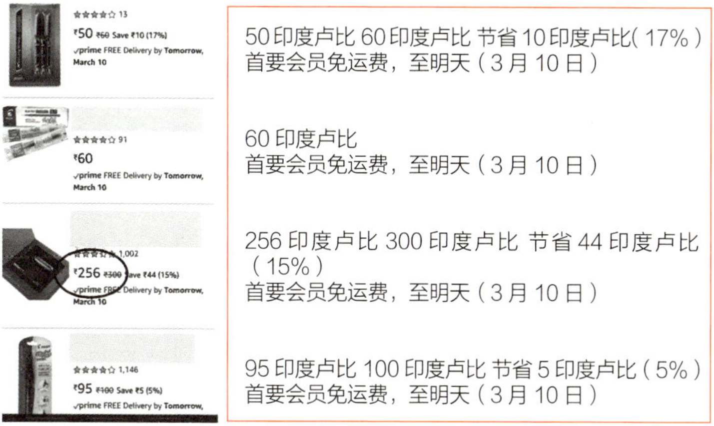

图 4.9　“笔”的网页搜索结果

当你看见有便宜得多的选择时，你还会考虑买贵的那支笔吗？一开始可能不会，这是因为这支笔的价格跟它的性能相比似乎过高，而其他低廉的产品也能满足我们的需求，这也是一名理性消费者理想的做法。

让我们试想这一次网站带你到了另一页，页面上展示的笔如图4.10：

256 印度卢比 300 印度卢比
节省 44 印度卢比（15%）
首要会员免运费，至今天（3 月 10 日）

2831 印度卢比 3999 印度卢比 节省 1168 印度卢比（29%）
星期四（3 月 26 日）至星期二（3 月 31 日）

1999 印度卢比
星期四（4 月 2 日）至星期四（4 月 9 日）

图 4.10　网页搜索“笔”给出的不同结果

这一次，首先吸引你注意的那支笔正是你在之前的情形下甚至都不会考虑购买的那支。

这是为什么呢？原因在于这里运用了“孤立效应”这一技巧。该效应是指如果把商品放在更昂贵的替代产品旁边，会使该产品的价格显得更加诱人。

值得注意的是，如果把一件成本在三位数的商品放在其他类似但成本高出很多（比如四位数）的产品当中，而不是与低价产品（比如两位数）摆在一起，这个技巧就能奏效。

孤立效应也被称作冯·雷斯托夫效应（Von Restorff effect），根据德国心理学家黑德维希·冯·雷斯托夫（Hedwig von Restorff）命名。要注意的是，它奏效的原理与色彩营销概念相似。总结来说，“如果一件物品与其他物品在尺寸、颜色或其他基本特质上有所不同，那么该物品就会比周围其他物品更吸引人”。

理解展望理论能够帮助你消除之前讨论过的七种消费者顾虑中的五种，分别是：

1. 实体风险
2. 性能风险
3. 经济风险
4. 时间风险
5. 错失机会的风险

那剩下的两种社会风险和心理风险呢？

这两种风险制造的障碍与以社区为基础的参数有关。人类具有社会性，会不断从周围寻找准许和认可。作为市场营销者，如何帮助你的消费者走出数字平台的这种困境？“从众效应”

（bandwagon effect）便能够帮助我们理解如何克服心理和社会的风险。

从众心理："合群"的需求

你是否曾渴望"合群"，或者"被社会接纳"？你是否曾试着成为所谓的"酷酷的"一员，或曾迫于"同龄人压力"而做一些事？或者你是否只想要做对的或感觉对的事，或者你是怎么在他人面前展示自己的？如果上述任一问题你的答案是肯定的，那么你就曾是"从众心理"的受害者。从众是种心理现象，它指人们做某件事主要是因为别人也在做，和他们自己的信仰无关，甚至可能忽略或推翻自己的信仰。

青少年购买苹果手机就是一个典型的例子。研究表明，大多数年轻的苹果手机用户更青睐使用更简洁、合算的安卓机，但是他们最终却选择了昂贵的苹果产品，只是因为他们周围的人都在用。这个现象存在于我们身边的各行各业，因此在当今数字时代，它也自然成为数字营销的一个重要组成部分。

在当下，最流行也最容易触发从众效应的方法是运用"影响力营销"（influencer marketing），这是一种社交媒体平台上的市场营销，指在自身领域（比如时尚、健身、旅游、音乐等）已具有社会影响力的人或组织为产品背书和做植入。这样一来，你是在向你的潜在消费者表示自己的产品已经在他们崇拜的人之间流行开来。

这个技巧的新玩法不是启用明星，而是利用社交媒体博主和照片墙网红。从卖家的角度来看，这样做成本低效益高，可以省去请顶流明星的开销。

品牌商们青睐网红的另一个原因是后者已经拥有相似兴趣和审美的粉丝基础，这么一来，说服他们随大流购买你的产品就方便得多了！打个比方，关注美妆博主的人已经对美妆产品感兴趣了。让美妆博主推广新眼影盘而不是选用体育明星去代言，就是明智之举。

纯粹所有权效应

经观察表明，拥有产品的人比没有拥有的人对该产品的评价更积极。如果我们说某件事属于我们，那么它就成了我们身份的一部分。哪怕只是手里拿着物品也能激发这种效应，这正是为什么苹果店允许访客尽情体验展示机。使用越多，下单的概率就越大。

正是纯粹所有权效应的缘故，汽车零售商才会这么热衷于为消费者提供试驾。他们知道试驾成功后，你就会更难拒绝下单。

随着市场逐渐数字化，品牌商们需要想出运用纯粹所有权效应的新办法。其中一个例子是Lenskart眼镜商所采用的增强现实（AR）技术。该技术会显示出图片在使用者身上的效果。

家具电商创造了家装视觉化的概念。使用增强现实技术能让你看到家具放在你家是什么效果，这让家具电商们相比实体店更胜一筹。

人们如何“说”你会直接影响别人如何“想”你。研究表明，人们在对一种新事物形成观点时会出现群体思维。在群体讨论时，他们很可能听到什么就说什么。用门外汉的说法，我们称之为“八卦效应”。数字平台中该效应最常见的形式就是“消费者评论”。

人作为消费者通常会怀疑他们购买的东西是否物有所值。为了回答这一问题，他们会转向关注之前购买了该产品的消费者留下的评论。“评论和评分区”此刻开始发挥作用。据称，你的品牌话题度通过评论区的评论能增至270%。因此，好的评论越多就意味着有越多的新消费者随大流！

你的产品可能拥有成千上万的用户，他们写了几百条评论。很显然不是所有消费者都能完全满意，而且注定会有“负面评论”。事实上，研究表明人遇到好事可能不会留下评论，但若有不好的遭遇则一定会留下评论，见图4.11。

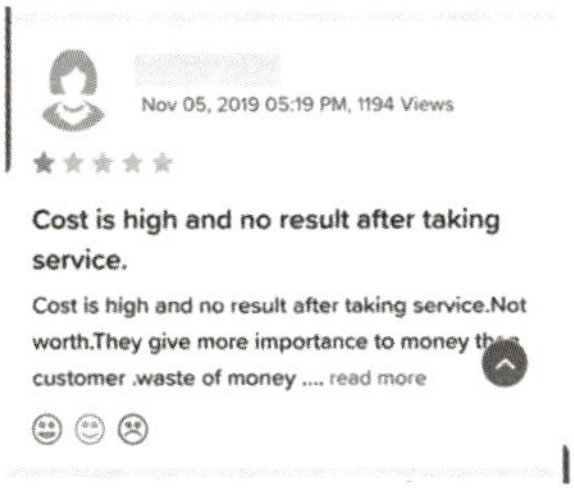

2019 年 11 月 5 日，下午 5：19，1194 条评论

价钱太贵且做完后没有效果。

价钱太贵且做完后没有效果。不值这个价。他们更看重钱而不是消费者。钱打水漂了。

2019 年 11 月 11 日，上午 11：41，1109 条评论

理发水平名不副实

理发水平名不副实，永远不会推荐给任何人。他们会坚持让你做其他服务，比如头发水疗或者让你买其他产品。甚至一些本地的美发沙龙……

图 4.11　消费者对某美发沙龙的评价

注意上述差评的例子，问问自己是否还有兴趣去这个沙龙呢？差评能影响高达70%的话题度，这是卖家的一大关切点，但有必要强调的是不应该所有评论都是五星好评。相反，评论区应该有各式各样的评论才能确保“真实性”。评分较高的产品有一种被社会接纳的感觉，因此间接满足了他们的社会需求。

我们可用以下表格4.12来总结前面提到过的所有风险和营销者为减少这些风险所能运用的理论。

表 4.12

风险种类	消费者顾虑具体样例	解决方法
时间风险	搜索和选择某款产品需要花费多少时间？ 退换货是否有时间损耗风险？ 维修期间我能否拿到替换产品？	展望理论 确定性效应 规避风险效应
错失机会风险	这件产品能否满足我的需求？ 我是否应该先不买，再去找找更好的产品？ 我是否不会后悔把自己最后一点钱花在这件产品上？	展望理论 规避风险效应
实体风险	产品安全吗？ 产品是否有隐患？ 产品是否对环境有危害？	展望理论 确定性效应
性能风险	产品能否达到预期性能？ 产品能有效工作多久？ 相比竞争产品，它表现得更好还是更差？	展望理论
社会风险	我的家人和朋友支持我购买这款产品吗？ 我在乎的人是否喜欢这款产品？ 我认同的人是否在使用类似产品？	从众效应
经济风险	产品是否物有所值？ 购买这款产品是否是对经济资源的最优运用？	展望理论 孤立效应
心理风险	我拥有的这款产品是否能惊艳到别人？ 我是否喜欢这款产品？	从众效应

第五章

市场营销中的魅力艺术

在过去的日子里，以售卖为目的制造商品是经济运作的方式，这就是“商品经济”。随后，世界进入了“服务经济”，主要活动是提供包括金融、交通和保险在内的各项服务。随着消费者和消费者预期的增加，出现了“信息和知识经济”潮流，消费者对于为他们提供实质内容的品牌感到满意。在过去的20年里，消费者对品牌的预期已发生了改变，诞生了“经验经济”。作家B. 约瑟夫·派恩二世（B. Joseph Pine II）和詹姆斯·H.（James H.）在他们发表于《哈佛商业评论》（*The Harvard Business Review*）中的文章里提出了这个观点。**为了获得领先优势，商家现在需要把他们的焦点转到提供类似售后助理、售后服务和客户关怀等“经验”上。**它已经成为商界的一个重要组成部分，其重要程度据拜恩（Bain）的研究称，**有80%的消费者会因为消费体验差而远离某个品牌。**然而，市场上充斥着提供的产品和经验都与你的品牌类似的各类品牌，你怎样才能在这个经验经济中胜出呢？

你需要消费者关注你的产品。你需要让他们保持兴趣，需要他们爱上你的品牌，并需要使他们在今后也保持忠诚度。竭尽全力生产商品显然是不够的。简言之，你需要让他们一直着迷！魅力科学会让你在消费者眼中显得与众不同，独一无二。

我一直说“魅力”这个词，但它究竟是什么意思？它是指某事物让你抱有极大兴趣或热忱的状态。

据研究表明，人的注意力时长已经从2000年的平均10秒减少到了今天的短短8秒。值得注意的是，最长观看时间为10秒的“故事”掀起了社交媒体的新浪潮。这一新特点占领了从瓦次普到照片墙再到脸书的每个平台（见图5.1）。出现如此之短的观看时间就是因为注意力时长的减少。简短的故事比任何帖子或任何长视频更能抓人眼球。

图 5.1　作者的照片墙账户截图

当我们时时刻刻被淹没在各种提醒中，你怎样确保人们在你所拥有的10秒内注意到你的品牌？

据作者萨利·霍格斯黑德（Sally Hogshead）称，魅力的力量大到人们无法抗拒。她表示存在着一个由七类诱因组成的体系，见表5.2：

表5.2 七类诱因

权力——对人和事的指挥
热情——动情地吸引他人
神秘——悬而未决的问题
声望——地位和敬意的象征
欲望——我们都渴望的对喜悦的期许
恶——离经叛道
信赖——确定性和可靠度

让我们来了解一下这些诱因是如何运作的，以便你确定哪几类适合你自身品牌的发展。

信赖：所有关系的积木

企业家网站（entrepreneur.com）上有一篇文章写道：“信赖是市场营销的新型流通货币。”

信赖是指你对某人某事的信念，这可能是所有心理诱因中最重要且最持久的。它是魅力中最强烈的也是最脆弱的。

信赖为何重要？

在标志性电影《泰坦尼克号》(*Titanic*)中，杰克问露丝她是否相信他。露丝立刻闭着眼回答说她相信。露丝对杰克深信不疑，没有半点犹疑。她完全依赖他，全心全意地信任他。

这就是信赖对你的消费者所能产生的影响。人们一旦信赖你的品牌，他们会产生一种忠诚感，毫不怀疑地依赖你的产品和服务，这甚至能让他们对你的错误视而不见。他们不需要通过经常性的广告就能保证光顾你的品牌。

下图5.3显示了商家和消费者之间信赖的重要程度。

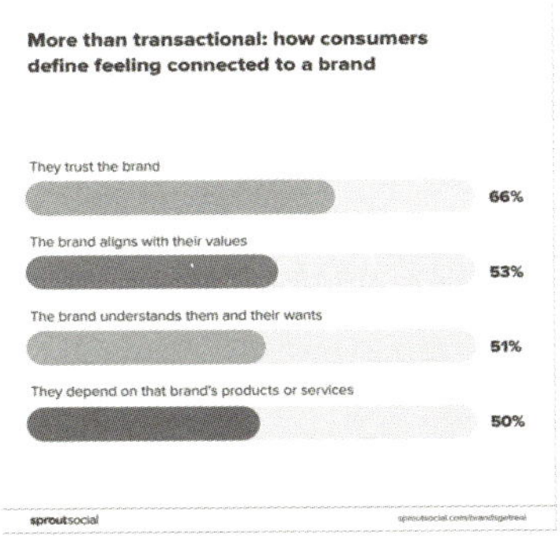

不仅仅是交易：消费者怎样界定对品牌的感情

他们信赖该品牌	66%
该品牌与他们的价值观一致	53%
该品牌了解他们的需求	51%
他们依赖该品牌的产品和服务	50%

图 5.3

研究显示，传统广告对千禧一代影响甚微。他们仅仅相信广告里不得不说的东西。别提相信了，大多数人会直接关闭或跳过商业广告。

因此，作为市场营销人员，你必须用信赖的工具将人们同你的品牌捆绑在一起。

舆观网（YouGov）进行了一项问卷调查，询问印度消费者在购物时的偏好。他们能从涉及如电商、在线支付和电信服务等多个领域的外国和印度品牌之间做选择。

调查结果显示，印度消费者网络购物时最信赖的是全球原创品牌亚马逊。

亚马逊是如何做到不止一次而是反复在不同的问卷调查中拔得头筹的？该公司号称提供以客户为中心而非以对手为中心的服务。退货的“不问问题”政策使消费者信任亚马逊，因为他们确信如果他们不喜欢某款产品，他们能随时退货，不会被问任何问题，这既简单又省事。

让我们再来看另一个例子。

一段时间之前，有一个视频爆出Zomato外卖员偷吃了Zomato的盒装外卖，然后再把盒子重新包好。很快，这个视频就一传十、十传百，人们对Zomato的信赖因此受到了冲击。

然而，我们却看到Zomato和它的竞争对手Swiggy双双被选为印度外卖市场中最值得信赖的公司。你也许会好奇这怎么可能。

事发后，Zomato没有歪曲或否认指责，而是声明会启用新的防篡改胶带和包装，并对其外卖员采取其他保障措施和额外训练。Zomato宣称该事件让他们的政策更加严格。

这些案例告诉我们，商家必须"聆听"和回应他们的消费者。毕竟，沟通是建立信赖的关键，而信赖是一段成功关系的基石。

反复强调，但要诚实

确实，当你反反复复说一句话，这句话就开始听起来像是事实。

如果你一直用一个别名叫你的朋友，对方一开始会无视。但如果你日复一日，每天都这样叫，总有一天对方会立刻回应，而这个名字可能最后成了此人在你朋友圈里的昵称。

商家们正是如此来让人相信他们所传递的消息是真实的。坚持你要说的话并保持前后一致，确保你的信息不自相矛盾。

持续是好的，但要确保你所说的不构成传播不实信息。如果你的宣传造假被传开来，你的品牌将会付出沉痛代价。因此，确保你信息的真实性十分重要。

HUL的卫宝（Lifebuoy）洗手液就是一个例子。该品牌宣称自己是杀菌洗手液中的佼佼者。在最近的一则平面广告中，它在提到自己密切的竞争对手的同时，也宣传了关于新冠疫情的公共服务信息，见图5.4。

这不是一则卫宝的广告。
这是一条公共服务信息。

了解对抗新冠的简要指引
“F.I.G.H.T.S.”

F：常用肥皂洗手
I：离家期间用酒精基的消毒液迅速杀菌
G：感冒、咳嗽或发烧要去医院
H：如有不适请在家休息
T：咳嗽或喷嚏记得用纸巾和口罩
S：避免接触生肉、野生动物或活的家禽家畜

请使用离你最近的任何肥皂。不仅仅是卫宝，而是任何肥皂，如力士（Lux）、滴露（Dettol）、桑图尔（Santoor），或 Godrej1 号。

图 5.4 近期卫宝随着新冠疫情打出的广告

这则广告督促人们洗手，不论使用什么品牌的肥皂，也因此支持了他们想要传递的原始信息。**提及竞争对手有助于确立真实性，并有助于建立大众对他们自身品牌的信任**，这也显示出该品牌关心民众，而不仅仅沉迷于推销自己。

神秘感：难以抗拒的气息

你是否曾在某个时间盯着屏幕观看刑侦剧《CID》、《神探福尔摩斯》(*Sherlock Holmes*)或《史酷比》(*Scooby Doo*)？你是否曾为你的家人或朋友举办过惊喜派对？或者你作为小孩是否玩过“寻宝”游戏？

我上面提到的所有这些东西有什么共同之处？他们都有一

种神秘感，一个只有在结尾才能揭晓的秘密，而这种神秘感使我们自始至终全神贯注。

根据《柯林斯词典》，如果某人或某事具有神秘感，则他们被认为是特殊的，因为人们对他们了解不多。神秘感具有一种正面特质，会把他人吸引到你身边，且对方无力抗拒。

神秘的事物会产生迷人的效果。人们迫不及待想要到达秘密的最深处，而作为营销者，你的工作是要让这个魔法持续下去。不要透露你是怎样凭空变出花的，因为一旦透露，我的朋友，你的魔法秀也就结束了！

成功营造出神秘感特性的路线图从制造好奇心开始。当你想让消费者知道的和消费者已知的之间有差距，好奇心就出现了。

例如，印度肥皂剧就总是致力于制造好奇心。

能够制造好奇的事物会成为最被热议的话题，哪怕大家都是一知半解。谁是开膛手杰克（Jack the Ripper）？没人知道，但它仍是迄今为止大家最想知道的谋杀谜案之一！

为了维持我们之前提到的信息差，最重要的办法是隐瞒消息。人们总是急切地想找到他们问题的答案。他们尽可能地想知道一切。在这一点上，就看作为营销者的你了。你需要非常谨慎地筛选可透露的信息，决定透露多少，以及何时透露。

你提供的这点信息会激励消费者继续和你保持联系，以求得到更多后续。

最著名的一个例子当属Fyre音乐节，那场最具标志性的前所未有的豪华音乐体验了。它以前相当失败，于是请奈飞拍了部纪录片叫《Fyre：前所未有的盛大派对》（*Fyre:The Greatest Party That Never Happened*），一时激起人们疯狂的热议。

营销者们成功说服了世界排名前十的超模（以及其他众人），让她们在自己的社交媒体上发一个单独带有#Fyrefestival标签的橙色方框，并附上门票的链接（见图5.5）。该标签在不到24小时内就有高达3亿次曝光，门票被抢购一空。这个帖子的独特加上高明的策略，激发了数百万人的好奇心，驱使着他们都去买票。

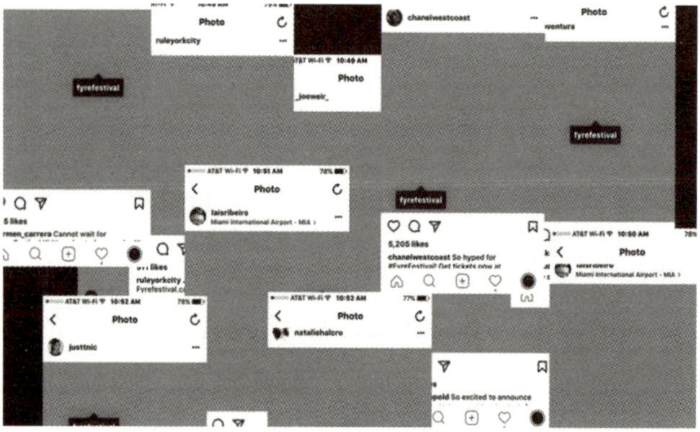

图 5.5　超模们发的带有 #Fyrefestival 标签的橙色方框

最后一个步骤是设置准入门槛。它的意思是如果你在同一时间把全部谜底都透露给了所有人，那么你的品牌的神秘度就会大减，甚至消失殆尽。人们喜欢成为各种群组中的“内部人士”。

比如，亚马逊会把打折活动提前通知它的“首要（Prime）”会员，然后再通知其他用户，见图5.6。

盛大印度节
预算也阻止不了印度的欢庆

9 月 29 日—10 月 4 日
节省 10% 立减 + 额外奖励

优惠提前开始——只适用于首要会员

9 月 28 日中午 12 点

亚马逊首要会员

图 5.6　亚马逊优惠活动为首要会员提前开放的截图

请注意！！

神秘感在这个数字时代里是很难维系的。走漏一点点风声就能抹杀一切热度，而且一旦发生了就无力回天。比如，一些网剧在他们第一季时就把所有的谜团都揭晓了。因此，后面一季就变得不那么有趣了，结果观看人数也随之锐减。

你应当维系神秘感，不能失去它，也不能在你的消费者还没渴望“更多”之前就结束它。

忧虑：营销者最锋利的武器

试想一下，你正在独自享受梦寐以求的假期。夜已深，你独自在度假村的房间里。月黑风高，你正舒服地躺在床上忘我地读着书，在昏暗的灯光下呷着热可可。就在午夜时分，你接到了一通电话。你会是什么感受？

如果你收到一条短信，写着："我们得聊聊。"你又会做何感想？

错愕？惊恐？害怕？感觉都要世界末日了，不是吗？

这就是忧虑诱因的作用。我们的思维会本能地从自身内部去回应忧虑。

从最早期开始，忧虑就一直是生存的天然武器。人一旦开始担忧，他的全部注意力都会直接聚焦到那件事情上。让我们学一学如何运用该工具为你的品牌效力。

首先需要制造"假如"的感觉。这里指的是如果发生某事会产生的一种后果。后果指结果或作用，通常带负面性质，因此会引起忧虑感。由于人们竭尽全力规避损失，因此他们最终会做出仓促的决定（规避损失）。

比如，告诉代表们如果不登记，他们可能将失去会议席位。

这些后果在时间期限的加持下变得更加有力。时间期限创造了紧迫感，人们在紧迫感驱使下会在特定时间范围内去完成任务。不过，我们大多数人依旧会试图在最后几天才填完表格，哪怕这些表格非常重要。拖拖拉拉是一种十分平常的习惯。

时间期限使人聚精会神。有句话说：除非当下就行动，否则你就会输！可以肯定地说，设定时间期限能促使你那些拖拉的消费者最终下单！见图5.7。

赶快，
售卖
即将结束

图 5.7 制造紧迫感

有一件事是我们能肯定的——忧虑是种威胁！一旦你的消费者感到担心，他们的思维就会不那么理性，也更容易快速行动。

你需要找到最能引起你目标消费者忧虑的那个按钮。我们假设你的产品受青少年喜爱。这种情况下，可能断网的威胁就足够抓住他们的眼球。

你应当把焦点更多地放在恐惧因素而非事实上。比如，人们准备加入饮食计划并非为了健康，而是为了好身材！实际上，健康的生活比好身材重要得多，但人们对患病的恐惧却比不上对样貌不佳的忧虑。这也许不符合逻辑，但就是能夺人眼球并促使人迅速行动！

权力和声望：息息相关

声望是给予某人的尊敬和爱戴，通常是因为他们优秀、成功或具有社会影响力。权力可以被定义为对他人或环境的控制能力。这两个词如同好友一般，相辅相成。我们通常赋予长者更高的“权力”，以表示我们对他们的敬意，而这种敬意来源于声望。

当我说声望这个词，你的脑海中可能浮现出豪宅、豪车，还有名牌包和衣服。那是因为声望总是与奢华和财富联系在一起。然而，声望远不止如此。它意味着我们不用任何人强迫，自发地崇拜某事物。

如果你想提升产品的声望，必定要做的第一件事就是为你的品牌设计商标。试想在商场里，你可能不用细看就能识别出大部分品牌。

古驰（Gucci）的皮带从来没有“古驰”字样，但没人能不注意到它的商标。

这是因为高端品牌的商标比他们的品牌名称更早被人熟识，这是声望的第一个标志。

下一步，使你的产品变得稀缺，这是经济学的基本规则，即减少产品供应来提升需求，从而抬高价格。

公司发行“限量版”商品就完全遵循这条规律。除此之外，你认为他们这么做还会因为什么？他们当然有足够的资源生产大量复制品，但限制库存不仅能够炒作，还能显示出这款产品的重要性。这种重要性能为你的品牌带去高于别人的声望和权力。

2017年，苹果同时发布iPhone10、iPhone8和8plus。iPhone8和8plus的发行价格分别是699和799美元。当年，花1000美元买一部手机简直是天方夜谭！但iPhone10不仅定价在1000美元，而且大获成功。原因就在苹果展示该产品的策略上。苹果总是强调产品多么富有革命性，把重点锁定在新的面容ID以及它如何优于触控ID上。由于2017年是初代iPhone发行十周年纪念，这也增加了iPhone10的价值。得益于新的性能和进化的设计，苹果成功把这款手机打造成了高端产品。

权力通常也与财富息息相关，但财富只是支撑权力的柱石之一。权力是指控制环境使周遭的人别无选择只得信你所言的能力。

市场垄断就是此类诱因的一个例子。

拥有权力的某人或某品牌可能不讨喜，但他们最终具备做决策和影响决策的能力。比如，在数字时代，脸书和谷歌已经形成垄断。虽然营销者们不喜欢脸书的算法，它只允许商家有组织地接触仅1%的自家粉丝，但由于脸书是坐拥超过2.5亿网络用户的大型社交媒体网络，它还是有能力做出有利于自己的大胆决策。

恶：因为规则就是用来打破的

你肯定听过“有严厉的父母，孩子就会撒谎”。跟孩子说不能吃糖，他们反而越想要，这就是人性。一旦我们在某件事上遭到拒绝，我们内心里的小孩就会开始渴望这件事！

恶，是一个强烈的措辞，一般用于形容犯罪行为或被禁止的活动。然而，这里必须指出，我们将用这个词来形容可能随性、愉悦或诱人的但你不应该做的事。恶因人而异，也许小到健身后吃巧克力曲奇，或者没把包装纸扔进垃圾桶而是塞到床底下，或者透支购买新的卡尔文·克莱恩（Calvin Klein）内衣，而你甚至都没有展示给全世界的机会。

作为营销者，你必须负责找出不同人群的恶。被禁止的事物更容易激起讨论，也会引来越来越多的人最终下单。

近期，影视界的一个热议话题来自电影《印度艳后》（*Padmaavat*）。这部影片在某些邦因为历史上的信仰问题被禁。然而，这使得该影片被大肆宣传。人们被吸引着去看这部电影，只想弄清它到底为什么火！

恶的进程始于培养好奇心和渴望，进而引导你的消费者落入他们自己的幻想和有罪恶感的愉悦中。你只需点个火，他们自己的想入非非就能把剩下的事都做完。

关于恶的一个最迷惑人的标语和例子是内华达州拉斯维加斯（Las Vegas）的宣传语，见图5.8。

欢迎

不管在拉斯维加斯发生什么，就让它留在拉斯维加斯吧

图 5.8 每年吸引无数人从世界各地到拉斯维加斯的著名宣传语

不就是不！

使用诸如“不”或“绝不”这种坚定的词语，又没有给出合理原因，这会勾起好奇心。那时，人们内心的恶就开始作祟，驱

使他们去做偏偏被告知不能做的事。这样，他们最终就会做你恰恰想让他们做的事！

恶就像有罪恶感的愉悦，应该和其他诱因结合运用才能发挥最大效用。在你的市场营销策略中利用恶，为的不是让你的消费者误入歧途，而是让他们走不同的道路，促使他们偏离自己的常规选择，来看你的产品、你的品牌和你的信息。

我们来看看Nicotex口香糖的例子，它宣称能帮助人们克服烟瘾。它不是给消费者含有尼古丁成分的口香糖，而是提供了烟草或香烟的替代物。

欲望：深重的罪孽

《圣经》把欲望列为七宗罪之一。但“欲望”一词远超出我们一听到它便立马能想起来的那些东西。它可以包含各式各样的渴望。比如，渴望在半夜吃巧克力蛋糕，或者渴望在秋天清晨的寒意中裹上柔软的毯子，等等。

这些都只是我们日常生活中所经历的欲望的例子。

根据网上词典的解释，“贪婪的人好财，贪吃的人好食。欲望一词最基本的意思是对性的无法抑制的渴望，但人们对各种各样的事都有欲望”。

欲望能勾起难以忽视的渴望，因为这种感觉的背后是不理性的人类行为。人们可以抵抗它，但不能消灭它。它为你的广告创造了磁石般的吸引力。如果你想为你的信息添上难以抗拒的气息，你也许要考虑在你的营销计划中加入欲望的元素。但问题来了，该怎么做呢？

我们需要了解一个基本事实，即"欲望是一种人类的情感"。想要加上欲望，你就必须在你的广告和产品中加入"人性"的元素。那么，什么要素能帮助我们做到这一点呢？

开始感觉

我之前提到，欲望不是任何人类理性思维的产物。因此，你需要不再注重想传达"什么"信息，而是开始注重信息"如何"传达。重点应该放在让你现有的平平无奇的信息变得更具有感染力，给你想传递的人带去友谊和温暖。

赛百味（Subway）的包装给简单的客户关怀信息增添了一份情感。他们把面包摆放在心形标志里，并附有"我们倾听，我们关怀"的字样。

这让一则简单的广告多了一种友好的感觉，更富有亲和力。因此，欲望就开始萌生。

只要用正确的方法说话，你就能让消费者长时间记住你。

能够取悦消费者的不仅有话语。要确保你也运用了其他感官。比如，星巴克咖啡（Starbucks Coffee）秉承"重新定义咖啡体验"的座右铭。当你走进他们的任意一家店面，你都会进入一个咖啡天堂。在你走向咖啡准备区之前，你的身体就会被新冲的咖啡因饮料的香气所笼罩。

星巴克运用嗅觉激起任何进店的人对咖啡的欲望。同样，作为一名营销者，想让你的产品变得难以抗拒，就应把欲望结合其他诱因一并运用，让各种感官协同作用，从而使欲望的力量得以释放！

第六章

记忆和市场营销

各大公司都不停地想提升自己的市场份额。他们总是在寻觅增加和赢得消费者的良方。营销者们总在争夺“品牌影响力份额”，这是一场争抢人们心目中第一的战斗，也是记忆对营销者来说十分重要的原因。

试想你邀请客人来吃晚餐，你决定做一道菜。你会想到哪道菜呢？你大概会想起从小吃的菜肴，比如母亲的特色菜。这个选择不是基于这道菜的口味和特性，而是基于你自身的记忆和联想。

这就是记忆在决策和塑造消费者偏好时如此重要的原因。它影响着我们偏向某个特定的产品或品牌。

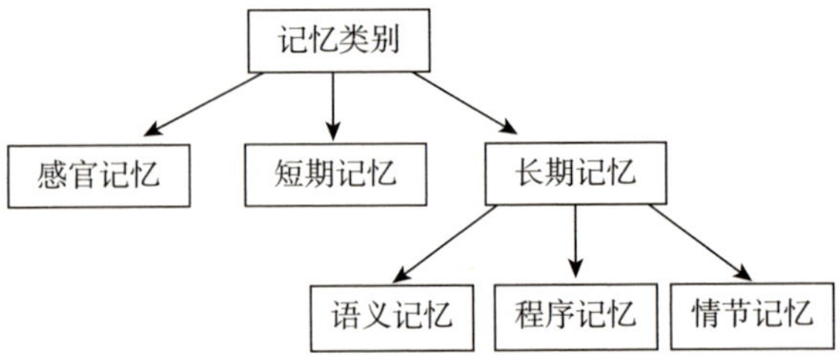

图 6.1　我们的记忆

感官记忆

感官记忆是维持时间不过几毫秒的即时或短期记忆。你的大脑大概都意识不到它的发生和结束。你大体上对其毫无察觉，因此无法控制它。这种记忆很短暂，所以我们对它的影响十分有限。

短期记忆

此类记忆能维持数分钟。当学生摘抄黑板上的笔记，或者当你在拨电话号码时，就是短期记忆起作用的时候。一旦电话接通后，你可能都记不得号码了。学生一旦写下一句话后，可能就记不起这句话了。

三种长期记忆

长期记忆是无限记忆或没有时间限制的记忆。长期记忆是你的大脑整理和储存事实和故事的地方，也是制造难忘经历的地方。当学生为备考学习笔记时，笔记就从短期转化成了长期记忆。长期记忆是能够被影响和激发的。因此，从营销者的角度来看，长期记忆应当被作为目标对象。广告应该针对买家的这部分记忆，使他们在需要一款属于你业务类别范围内的产品时总会想起你的品牌。

长期记忆又分三大类。

程序记忆

程序记忆储存我们拥有的各项基本技能，这是我们的大脑中关于“怎么做”的记忆，它告诉我们一件事是如何完成的。早晨如何起床，如何冲咖啡，如何洗澡等，这些都属于这一类别的记忆。

语义记忆

语义记忆是与我们身边的常识相关的事实记忆。比如，当有人问你印度总理的名字，你会使用语义记忆来回答这个问题。

情节记忆

情节记忆储存与我们自身经历相关的事实。这类情绪记忆是能被开发的，它会带我们回忆往昔，比如最近一次举家出游。

作为营销者，我们需要意识到情节记忆的潜力。它是获取人们长期记忆所需空间的关键。你不得不利用它去激发人们对你的品牌的记忆。在我们谈论情节记忆时，我们也必须来谈谈联想记忆。

联想记忆是能够让我们把两件不同事物联系在一起的记忆。

大脑把某个特定信号或情节与一样物品联系在一起。这种联系并不是人类大脑故意为之，而是在潜意识中发展出来的。

比如，我们会把人和他们使用的除臭剂的香味联系在一起。当人们在水槽边闻到柠檬的香气，就会把这种香气与洗洁精（比如Vim牌）联系起来。

这些记忆并不是刻意的，但却在消费者行为中具有显著意义。因此，营销者需要了解并合理运用它，这十分重要。你的信息必须强烈到无论消费者何时接触到信息都足以诱发他们的这种联想记忆。

当你听到“30分钟内送达”，你会想到什么？是不是达美乐（Domino’s）比萨？

这就是联想记忆的威力。时间和比萨并无关联，但达美乐却利用他们的快速送餐政策在你的记忆里扎了根。现在只要你听到“30分钟内到”就会想起它。

你必须把不同的感官信号，比如视觉、嗅觉和听觉都结合在一起，才能在营销活动中运用联想记忆。

信息重复

我们接收的大多数资料都被大脑忽略，因此未抵达长期记忆。重复是信息进入长期记忆的关口。

当某件事物反复出现在我们面前时，它就会进入我们的短期记忆。接着，它持续不断地重复发生。我们见到信息的次数越多，它就越有可能被转入长期记忆，见图6.2。

图 6.2

让我们回到学生和考试这个例子。学生们多次修改，甚至抄写和学习知识点，就是为了考试时能够记住，这有助于你的短期记忆转化成长期记忆。

同样地，当买家想购买特定的物品，你的品牌名就会第一个被想起，这在规划你的广告策略时尤为重要。重复能通过商业广告实现。如果你留意，就会发现网上视频中穿插的商业广告总是那几个。这些广告不一定很长，观众通常还会跳过，但它们都完美传递了品牌名称，成为短期记忆中对该品牌的一种提醒。弹窗广告也同样如此。大多数人会把弹窗关闭，但品牌名称已经被看到，并进入了短期记忆。

重复的另一个原因是选择性保留。

选择性保留

我之前提到人类记忆是有限的，没有空间容纳我们一生中所遇到的每件事。那么我们如何知道记忆会保留什么呢？我们的消费者会记住什么？

我们呈现给消费者的刺激大多数都容易被消费者遗忘。人们会记下对自己而言重要的事，这一点不言而喻。你会更记得推销员所穿裙子的颜色，还是那条你喜欢却买不起的裙子的颜色？很显然是后者，这是因为这条裙子引起了你的注意。

选择性保留原理告诉我们，人们会更倾向于记住能够支撑他们的兴趣和现有信仰的，而不是相反的信息，这会使他们的大脑记住所有有利于他们现有信仰的信息，并遗忘所有的负面消息。

对营销者而言，这意味着只有当你的信息不与人们所相信的相违背时，他们才会记得你的信息。另一个重要启示是，如果人们喜欢或“青睐”你的品牌，他们就只看得到你的品牌的优点。他们也更有可能无视其他品牌相类似的特性。额外的好处是，他们不会记住你的缺点。比如，独居的吃方便面的人只会看到这是个速食选项，而不会关注这些食品有害健康的事实。

这就是为什么在营销活动中能使用重复这一策略让公司打入人们记忆领地。

信息阻断

有多少次你出门购物，可一回来就发现忘了买那件你一直想买的东西？我们所有人都有过这样的经历。

这是因为“阻断”的问题。信息储存在我们的大脑里，但我们在必须想起它的那一刻却无法想起。

很多次，我们碰到了自己在社交媒体或网站上即刻吸引我们眼球的产品或物品。我们觉得应该买下来，可能甚至已经把它们加入了购物车。但到了最后，我们大多又会忘记。几天后，我们再次想起了这些物品，但那时已经断货或者我们已经不再想买了。我们之前讨论过，网站的提醒一定程度上有助于克服这种问题。

然而，不是只有等待中的购物车会被遗忘。我们能注意到很多事物和信息在我们需要记起的时候却被我们的记忆所阻隔，这就使得重复策略愈发重要。如果你的品牌一次次出现，那么被阻断的记忆照样也会被唤醒。

不过，对重复策略的运用应当适度。任何事情如果过度，最终只会变得枯燥和令人厌恶。品牌如果只靠重复是无法深入人心的。我们再来看看其他可以运用的技巧。

峰终定律

在你的大学生涯中，什么让你记忆犹新？当你和老友团聚，什么事情能让你们都开怀大笑？你会记得你按时上课的日子，还是你和朋友翘掉最后一节课去看电影首映的日子？你会记得交作业的日子，还是你参加校园活动的日子？

每个时刻都是独特的，无论快乐与否。我们理应永远记住大学生活，但几年之后我们只记得一些特定的事件和日子，这就是峰终定律（peak-end rule）的缘故。

认知偏差影响人们对过去事件的记忆。经历中密集的积极或消极时刻（即“峰时”）以及最后的时刻（即“终时”）在我们大脑的储存单元中占比很重。该理论由丹尼尔·卡内曼提出。据他所述，人们的评估只基于两方面：高峰和结尾。

请看下图6.3。

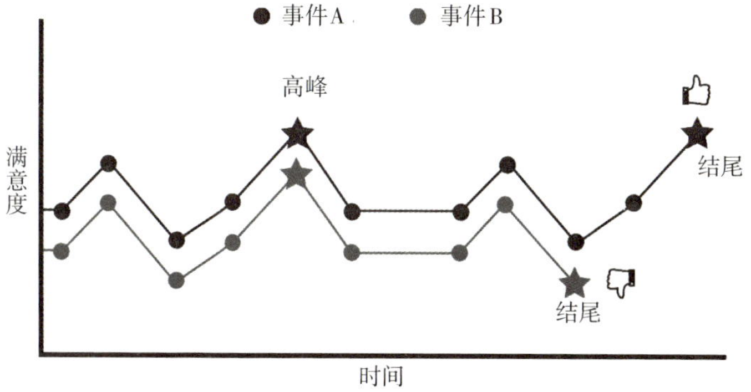

图 6.3

事件A会比事件B在记忆里显得更为积极，即便前者的持续时间更长，这是因为相比结尾很糟的事件B，事件A的峰值和终值更高。

这与经历的持续时间无关，也与消费者的满意程度无关。唯一有关的是消费者在峰时的感受。

我们再来看另一个例子。

假设你去一家餐馆，这次出行平淡无奇，诸事顺利。最后需要你评分时，5分满分你大概平均会打4分。那么如果你和其中一位服务员起了一点争执，虽然你总体的体验还是很不错的，但你大概就会把评分降到3甚至2，这是因为争执发生在你的整个体验的峰时。

峰终定律之所以存在，就是因为我们的大脑不会记得所有事。正如我们之前所讨论的，不是所有事都能转入我们的长期记忆。

记得要找出消费者体验的高峰时刻。要研究消费者使用你的品牌的历程，发现他们情绪上的起起落落，并努力去找出发生的时间点。一旦你找到了，就聚焦它，让它产生有利的结果。你需要在正确的时间利用正确的情绪，使你的服务效果最大化。

高峰可正可负

找到高峰后，你必须试着制造出对你有利的高峰体验。你已经知道高峰的位置，你只需增强和调整它。一种办法是激发积极情绪。快乐和惊喜在这里都是有用的工具。我们之前已经详细讨论过品牌商们在其市场营销活动中是怎样利用这些情绪的。

谨记！

你在数字平台上时，情绪的高峰会在你最意想不到的时刻到来。你永远也无法知道什么会导致你的网站访客出现消极情绪的峰值。可能是一些技术的小问题，但这些小问题却会对消费者的整体体验产生不小的影响。

服务的突然中断是你永远应该避免出现在你的网站上的事。

比如，下图6.4所示的技术错误和小故障。

图 6.4　网站服务暂时中断

如果你访问的页面出现这种情况，你很可能不会等到故障修复就会沮丧地离开。这就是消极峰值对消费者可能产生的影响。他们不仅会因此给你负面评价，还会直接离开界面，离开你的品牌。

你的目标就是避免这些消极情绪的高峰，拥抱积极的高峰，为你的品牌创造出正确的记忆。

结尾好就一切都好

永远要让消费者的体验结束在最高潮。据卡内曼所言，最终的印象最持久。我们再回到大学生涯的那个例子。我确信你们都记得毕业和道别的日子。所以你必须确保你的消费者的体验会有个愉快的结尾。快乐、愉悦、满意或满足在我们的情绪阶梯中处于高位。利用它们，让其为消费者创造出美妙的结尾。

这就是大多数线上平台在消费者使用服务或下单后提供惊喜或奖励的原因。

谷歌支付（Google Pay）在付款后提供的返现刮刮卡就是其中一个例子。

好的结尾也能让你的消费者对整个体验感到满意。

品牌突出度

你正站在超市的收银台边，突然想起忘了拿牙膏。你告诉收银员等一等，然后跑去货架上抓一个。你没有时间去分析所有的品牌和他们不同的特性；你拿了第一个想到的牌子，这就是品牌突出度（Brand Salience）。

品牌突出度是指人们在购物或下单时是否能很快想到你的

品牌。它代表人们想到某件物品时会考虑你的品牌名的程度。如果人们想不起你的品牌名，那么对他们而言你的品牌就跟不存在一样。

为了更好地了解这一点，我们来做一个练习。右面是一份产品清单，请说出每类产品所对应的一个品牌。你不应花超过20秒来完成这个列表。

比萨
牛仔裤
鞋子
洗发水
番茄酱
瓶装水
巧克力
肥皂
清洁剂
汉堡

你会发现，你说出的都是你已知的、熟识的品牌。当你看到“比萨”这个词，你是否想到了必胜客（Pizza Hut），或者当你看到“洗发水”这个词，你是否想起了多芬（Dove）？

熟识度是品牌突出度的一个重要特性，它来源于我们过去曾使用过该品牌的“记忆”。我们所经历的使用产品的过程有助于我们的大脑记住该产品。

你甚至能预估你的品牌突出度的强弱。拥有更高突出度的品牌就是消费者在购物时更容易想到的品牌，这转而又进一步增加了品牌的熟识度，并加深了记忆，使它们在你的脑海里招之即来，这对被藏在货架底的那些品牌而言是一种恶性循环（见图6.5）。当它们不被想起，人们就不会购买，它们的品牌突出度也就止步不前了。

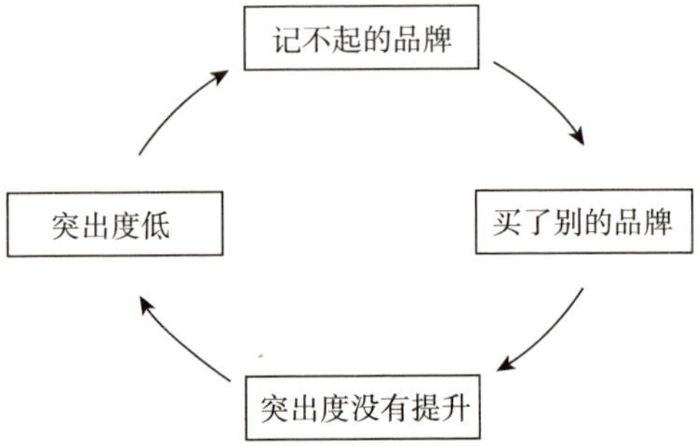

图 6.5 品牌突出度

突出度的强弱取决于你的品牌有多少“记忆网络”的支撑，也就是有多少大脑的记忆或经历和品牌相连。因此可以说，你能够测量且试着提升品牌的突出度，这是一个需要时间发展、无法一蹴而就的过程。让我们来看看影响这个过程的几个因素。

品牌知名度

第一步很显然是让人们知道你的存在。消费者应该知道你的品牌存在于市场中。如果消费者都不知道你的存在，他们又怎么会想到你呢？消费者还应该熟悉你的产品质量、业务范围，以及你的产品特性。

品牌能见度

要确保你的品牌就在大众眼前，这并不意味着要把产品的实体展现给大家，而是意味着你的品牌应该时常被不同地方的人通过不同的媒介所看到。在数字时代，这可以通过社交媒体实现。你的记忆抓手应该在所有平台运行，这样会确保你活跃在大批观众面前，很快捷，成本效益也好。

品牌相关度

你应该知道你的目标消费者需要什么。每件产品和每个品牌对不同的人有不同的重要程度。我们拿笔来举个例子。一支笔对将要考试的学生而言，比对正在厨房忙碌的用不上笔的家庭主妇而言更重要。同样地，对即将签订协议的商人来说，一支昂贵的派克笔很重要，而对学校学生来说，圆珠笔就很有用。因此，了解你的消费者的一些参数非常重要。

记忆是有缺陷的

人的记忆通常被比喻为电脑等数字设备的记忆。我们认为大脑一旦储存了某件事，它就会安全地留在脑海里，就像在数字平台上一样。

然而，心理学却不支持这种说法。据心理科学表明，我们的记忆是有“缺陷”的，这意味着为了给我们当下所面临的新情况让路，我们的记忆会时不时地进行重建。因此，认为我们的记忆像电脑一样工作是不对的。确切地说，我们的记忆是“灵活的”。

反复出现记忆缺陷的一个现实场景是法庭庭审的目击证词。我们都知道，罪犯是被目击证人的证词关进监狱的。然而研究表明，这些证词通常都是基于有瑕疵的记忆，这意味着坦白可能不一定是真的。听上去是不是不太公正？不仅是证词，甚至还有人坦白自己根本没有犯过的罪。

导致这些缺陷的因素多种多样。人们听到别人在谈论时，也会开始相信自己所听到的话。他们忘了自己的记忆里混入了什么，并受到周围事物的影响，这就是“群体思维”现象。我们在前几章已经详细讨论过这一点。

作为营销者，我们必须谨记的是，重塑人类记忆是切实可行的，完成重塑的途径就是我们的营销活动。有缺陷的记忆有利于我们塑造自己在大家心中的形象。

改写记忆

你是否记得在哪里初次遇见了你最好的朋友？当时你玩了什么游戏？你是怎样交谈的？你还记得当时他们的脸、他们的样子吗？你大概会把曾经的他们想象成他们现在的模样，这就是我们大脑改写记忆的现象。

记忆不是一成不变的，而是每被唤起一次就被改写一次。大脑用当下的信息改写过去的事件，使我们保持“更新”。

虽然这似乎是我们记忆的一个缺点，但它其实是生存的一个有效机制。它有助于我们跟上千变万化的环境和生活中的情形，有助于我们聚焦真正重要的，关键的事物。

因此，存在一个能改写和操纵记忆的窗口。从营销者的角度，当我们想要为自己的品牌创立新形象时，我们就可以利用这一点。营销活动开始后，产品就拥有了新的身份。而大脑的写入和改写过程能帮助我们实现产品身份的覆盖。

我们拿“美极”（Maggi）来举例。

由于美极的方便面被指控含有味精成分，人们担忧食用后对健康会有影响。雀巢（Nestle）不得不把它下架。

当该款产品重回市场时，改写记忆的机制便帮助该品牌再度得到了消费者的青睐。

总之，帮助你的消费者对你留下好的记忆十分重要，因为这是驱使他们一次次回来消费的原因。

第七章

感知：消费者眼中的你

随着全球化和竞争的日益白热化，从人群中脱颖而出变得极为重要。为了做到这一点，各大公司使出了浑身解数。他们开展各种优惠，拍摄各式广告来传递他们的信息。你的消费者如何“感知”你的信息会让结果有很大差别。

感知是买家大脑的大门。它是你的品牌给消费者留下印象的方法，也是消费者对你的产品发表看法的方式。

把你自己代入消费者的立场。这就好比用他人的眼睛去审视自己的品牌。在传统的商店和铺子里，卖家的优势在于能够判断消费者的反应，读取他们的肢体语言，从中解读他们的想法并当场努力做出改变。然而，随着数字市场营销和沟通的日益兴起，消费者不再以实体的姿态出现在你面前，你不知道他/她会如何看待你的产品。所以，提前从消费者的感知角度去审视你的品牌就变得更为关键。

让我们前进一步，去理解消费者感知理论以及它是怎样投入实践的。

不同的人，不同的感知

请看下图7.1。你看见躺在那的是什么数字，6还是9？

图 7.1 感知因人而异

你无法把你的产品改造至适合每一个人。无论你多么努力，总会有人跟其他人的观点不一样。所以要想在你的营销策略里植入感知因素，你就得从最基本的步骤做起，那就是确认你的目标受众。比如，不同的服装品牌面向的受众群体不同：

- “FirstCry”面向婴儿
- “Van Heusen”面向上班和通勤女性
- “Manyavar”面向新郎和伴郎

同样地，你所有的营销计划都应从确认你的消费者基础开始，而各个消费者群体都有不同的思维模式。

我们接着到下一步。从这里开始，我们感知的进程就拉开帷幕了。

作为自身品牌营销者的你，要退后一步；你热爱你的品牌，把它当作自己的孩子，你对它的感情太深了。除非你成为自己的旁观者，否则你无法看到优缺点。当你不偏不倚地去审视你的品牌，你才会明白别人是怎么看待它的。

更高、更大、更好

请看下面两幅图（图7.2），如果两者价格相同，你会选择买哪个呢？

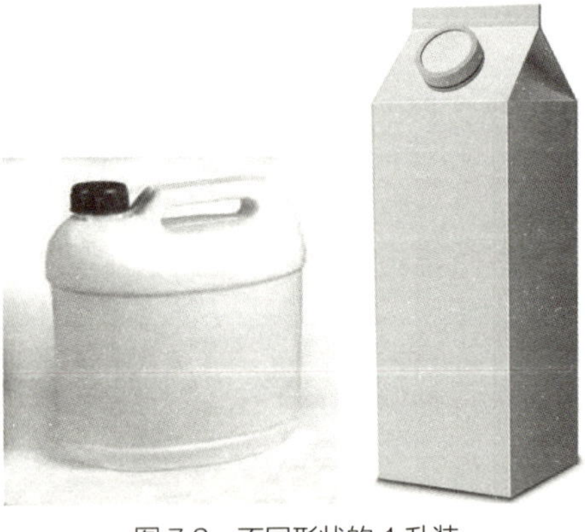

图 7.2　不同形状的 1 升装

大多数人会选择第二种，这是因为第二种包装的牛奶看上去比第一个更多，虽然两种包装都是1升的容量。包装尺寸的差异会影响消费者选择哪款产品。

消费者会选择看起来“更高”的物品。他们的感知让他们觉得纵向更高的纸盒体积更大。我们的大脑认为更高的物体更大，因此容量也更大。

我们到底看到了多少

当今市场上几乎所有的摄像头，甚至内置在我们手机里的摄像头，都有一个共同功能——人像模式（或称自动对焦）。摄像头自动把画面中除了主物体之外的其他所有东西都进行了模糊处理，这让主物体显得更为突出，从而吸引了我们全部的关注，见图7.3。

图 7.3　对焦 VS 普通照片

这也是世上最强大的摄像机——我们的眼睛的工作原理！

这种边缘视觉对我们营销者会有什么影响呢？

当消费者走进商店，他/她会同时看到琳琅满目的产品。这时他/她的边缘视觉就开始运作，所有的事物都随即变得模糊起来。

比如，我们假设你去买洗手液。当你移步到超市的洗手液区时，这是你第一眼将要看见的景象，见图7.4。

图7.4 洗手液

你能分辨出哪款洗手液吗？看不清任何一款的名字，也没有优惠、打折或其他的营销手段，那么你怎么确保消费者只选择你的产品呢？

要注意，这里你唯一能看见的区别因素是：大小、形状、颜色。这些是你的产品的实体元素。你需要努力让你的品牌和产品外观显得与众不同。

如果我让你区分下面（图7.5）哪瓶是雪碧，哪瓶是激浪（Mountain Dew），你能做到吗？

图 7.5　相似瓶装的边缘视觉

如果你回答激浪和雪碧（从左到右），那么你答对了。尽管极为相似，但两款产品与众不同的造型还是能区分开来。第一款的瓶子更粗、更壮；第二款的外观更纤细、更柔和。

运用“边缘感知”（peripheral perception）的概念，在你将产品投放市场之前，先模糊化你的产品和广告可能是评估你的营销计划的一个有效措施，能够从消费者的角度给你启发。

我们已经谈到边缘视觉对实体外观的影响。营销者常用来区分外观的一个有趣做法是，用不同颜色区分同种产品的不同特性。

我们举个例子来做更深入的了解。有四种口味的乐事

（Lays）薯片，你的孩子们对这几个口味了如指掌，他们甚至不用看或者看不懂（如果孩子特别小）包装上印的风味名都无妨。

这归功于该公司的市场营销策略中所使用的“颜色区分”法。

我们的大脑自动把较浅的颜色（这里指黄色）与咸味或更简单的风味联系在一起。同样地，更暖的比如红色则对应更浓的味道，比如番茄味。

这几组风味和颜色的关联使消费者印象十分深刻，以至于其他品牌的薯片也用相似的颜色匹配这些口味，这是因为人们的大脑自动先关注到颜色，随后才看到风味名。

你还会注意到，有竞争关系的品牌倾向于用相同的颜色包装类似的产品——还记得乐事和百事旗下的零食品牌Kurkure都用同一种绿色包装自己的清凉口味的产品吧。

由于这种边缘感知，我们的大脑能立即分辨出产品的不同特性。所以，应该巧妙地运用这一策略，以确保用来推广你的品牌的那些颜色符合产品的特性。

他们也许看到了，但他们会记得你吗

至此，我们已经看到如何通过消费者的边缘感知使你的产品从其他所有产品中脱颖而出，引起消费者的注意。然而，我们不仅希望他们“看见”我们的产品，还希望他们能够“记住”，这样下次他们进店购物时就不会选择其他品牌。我们希望他们记住我们的品牌和我们的信息。目的是让你的目标消费群体在他们有限的购物跨度里选择你，这正是“品牌识别”（brand recognition）起作用的地方。

根据学习网站study.com的解释，品牌识别正是其字面意思：消费者从众多品牌中认出某品牌的能力。换句话说，它是消费者根据产品特点和设计元素识别出你的品牌的能力。

品牌识别之所以重要，是因为我们已知消费者具有边缘视觉，而边缘视觉让他们把产品看作一堆模糊的物体。在这种文字看不清，优惠和数字也还未奏效的情况下，品牌识别有助于让消费者辨识商品。如果运用得当，你甚至无须印上品牌名人们就能认出来。比如，使用者仅凭形状就能认出多芬牌香皂。

人们不会把产品或品牌名作为一个整体图片来看。相反，他们看的是轮廓、形状和颜色。当你看到有人脚上穿着的东西有系带和底子，你会认定这是双鞋，而不是耐克（Nike）“Air Max”或阿迪达斯（Adidas）“Yeezy”系列（见图7.6）。在看到其他信息之前，你就已经根据轮廓和用途辨识出了物体。

图 7.6　我们认出的是鞋子，而不是品牌

同样地，人们不会一个一个字母地去看品牌名，而只是看个大概，这也是为什么消费者会买到名牌假货的原因。我确定你听说过许多诸如冰纯水（Aquafina）和比斯莱里（Bisleri）矿泉水瓶以及耐克鞋的案例。之所以有人买这些品牌的假货是因为它们更便宜，而且由于我们看商标时只看个大概，因此很多人分辨不清它们的商标，没有察觉字母或字体上的小变化。

作为营销者，我们需要明白的是产品的整体外观对具有边缘视觉的消费者而言影响最大。因此，无论我们为品牌策划什么样的活动，我们都应该牢记不能扭曲产品的整体感觉。

如果你非要做出改变，那么这些改变不应是大刀阔斧的。这一点不是只适用于某个特定的因素。比如像激浪这样的品牌，荧光绿和黑色才是其精髓所在。因此，变更颜色就不是个好主意。

同样地，对于像宝马（BMW）这样的品牌而言，形状则是它最重要的标志。

颜色的改变不会影响人们对该品牌的感知。像宝马这样的品牌，圆形商标才是它的精髓之处。改变商标形状对该品牌而言就是灾难！

每个品牌都有其不同的便于大家辨识的线索。你必须找出关于你的这些线索并加以改造，让它们契合你的营销活动。因此，你变革的自由是有限的。要记得退后一步，用消费者的眼睛审视你的品牌。

苹果的产品设计是另一个典型的例子（见图7.7）。iPhone系列（iPhone10、10s、11）的产品设计即使从远处看都很有辨识度。

图 7.7

我们已经看到形状、颜色和整体外观如何帮助消费者识别产品。在消费者边缘视觉中吸引他们注意的另一个因素是整体环境。

我们举个例子来更好地了解它。

请看下面两幅图（图7.8和图7.9）。

图 7.8

图 7.9

上面两幅图里使用了相同的轮廓。但是我们想当然地认为第一幅里放在桌上的是笔记本电脑，而第二幅里捧在手里的是书。我们的大脑和记忆影响着我们对轮廓的感知。

这是因为你的营销活动的整体情境会影响人们如何看待你的产品。

我们营销活动的环境会对物体识别产生影响，因此也有助于对品牌的识别。想象一下车的外观。现在，联想一个圆形物体。你大概会想到车轮。再想象一下夏日晴朗的天空，再联想一个圆形物体。你大概就会想到太阳。我们能意识到圆形物体的情境设定会对我们的思维产生什么样的影响。

情境之所以重要，除了识别，还有另一个原因。在描绘情境时，你不能让消费者对你想要传递的信息做出假设，这有助于避免产生歧义和争议。

利用情境线索就像在讲述一个故事，故事的主角是你的产品。因此，作为营销者，有效地包含情境设定对你的品牌识别而言极为重要。情境不仅适用于我们现有的市场营销活动，还适用于电商网站的产品植入。产品和其植入平台的类别会影响消费者的购买决定，我们在之前的章节里对此有过详细描述。

现在，我们已经学过承诺与一致的重要性。当我们想要引入变革，要记住重要的是确保你的品牌受众现有的感知不变。你肯定会问，那为什么我们还要改变呢？如果有可能失去产品的感知价值，那为什么还要冒这个险呢？

很久以来，维系产品现有价值和发展产品新价值之间一直存在冲突。维持一致性能帮助我们强力巩固现有的看法，并打造出品牌忠诚。而创新会吸引更多的人、争取到新客户，并提升销量。有研究表明，一成不变会使人失去兴趣。人类大脑不会思考在预期范围内的事物。人们会开始分神，而当出现新事物时，你给消费者带去了意料之外的东西，因此会吸引他们，保证他们的参与度。

两个因素都有各自的重要性。那么什么应当被长久保持，什么又该被改变呢？

这两者之间的平衡能够通过我们传递什么和我们如何传递之间的差异来解决。作为营销者，你有能力通过我们在书中已经讨论过的不同技巧去诱导消费者做出反应。所以这就是你该做的，这就是你该带来创新和新鲜感的地方。要创新你传递信号的方式技巧，但不能影响到这些信号背后的含义。你的品牌承诺和信息的寓意应该保持一致，这是你该维持不变的地方。

这就是大多数高清电视品牌所使用的市场营销策略。他们运用的营销技巧大相径庭，但是技巧背后的意义却是异曲同工——给消费者带去更好的观看体验。

据作家菲尔·巴尔德（Phil Barde）称，“摆脱承诺与一致和耳目一新之间的困境的方法，就是在寓意层面保持一致，但在信号层面推陈出新”。

最后一步是要决定变和不变的度。我们用MAYA法则来做解释。MAYA是“先进但可接受”（most advanced, yet acceptable）的简称。该法则认为需要做出先进的变革，但不能先进到目标消费群体无法接受的程度。

创新的程度应当适中，应当保留一定的熟悉度。如果实施成功，你的品牌肯定会引起它应得的那份外围注意力的关注。

框架效应

框架效应简而言之是指利用损失规避把人们的注意力吸引到你的信息上。改变你陈述信息的方式就能改变你的信息对受众带来的影响，这听上去似乎无关紧要，但却对人们的行为有显著影响。请思考以下声明：

1. 安全带每年能从车祸中拯救6000人的生命。
2. 每年有4000人因不系安全带而死于车祸。

哪个声明会让人开始使用安全带呢？很明显，第二个声明更富有冲击力，这单纯是因为这种声明使人觉得会失去，而不是得到东西。正如我们先前已经看到的，损失比获得的影响力更大，因此第二个声明会吸引更多注意。

广告中能用声明来突出观众所在乎的特性。现在你作为一家酸奶公司的营销主管，你会批准下面（见图7.10）哪幅图？

冻酸奶　　　　冻酸奶

含 20% 脂肪　　　　80% 无脂肪

图 7.10

如果你的公司想要关注健康的人来尝试你的酸奶，那么你肯定会选择右图。在组织声明时，要时刻牢记你的受众会做何反应。如果是负面反应，你就需要重新设计。

假设你想要大多数学生在某个日期前注册入学。你决定，在规定日期之前注册的学生能比晚注册的学生少交100印度卢比。有两种方式可以处理这种情况：

· 在规定日期前完成注册的人可以减免100印度卢比（奖励）。

· 在规定日期后才完成注册的人将被罚款100印度卢比。

这个情境正是加希特（Gachter）在2009年创造的。当声明称不这么做会被罚款时，几乎100%的学生都提早进行了注册。

相比之下，当声明使用减免的陈述时，只有65%的学生及时完成了注册。

商家们开始越来越注重人类思维的这种心理偏差。他们很显然不能承受将任何一位消费者送给他们的竞争对手。他们知道人一旦使用某种品牌一段时间后，就难以换成另一个品牌。这一点很容易用现状偏差（status quo biases）来解释。

现状偏差是商家们反复运用的另一条法则。我们倾向于钟情更熟悉的，而不是较为陌生的替代品，哪怕较为陌生的选择可能更有利。假设你正准备买一部新手机。你快速谷歌了一番，发现这部手机在一个你之前毫不知情的网站上能便宜1500印度卢比。但是大概率你还是会选择亚马逊，这是为何？

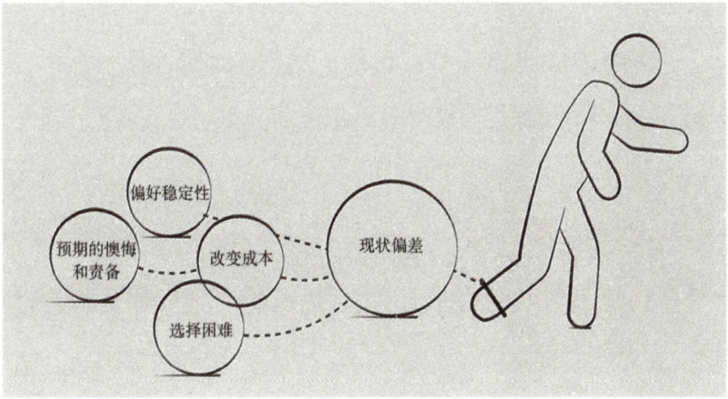

图 7.11　现状偏差

我们先来看看人们坚守现状的理由。

· **偏好稳定性**：人们一旦已经对某个事物形成了观点，就难以改变他们对此事的想法，这就是为什么如果别人之前与某个产品已经有过不愉快的经历，就很难说服他们再次在网上购买这个产品。

· **预期的懊悔和责备**：改变某事物伴随而来的是对错过美好或选择错误的恐惧。虽然懊悔的结果远在未来，但是我们在当下就体验到了伤痛。选择已熟知的那个选项能够减少未来后悔的风险。因为你信任现状，所以责备其未能满足需求的风险被显著降低。

· **选择困难**：即使出于某种原因你被说服放弃现状，但要从几个选项中选出最佳也是困难无比的，这会让你觉得改变既复杂又昂贵。

· **改变成本**：改变是有代价的。这可能是因为从一个平台换到另一个平台，或者是因为荒废了前一个平台的资源。固守现状就很安全。

我们再回到手机的那个例子，亚马逊受到青睐是因为它更可靠，更值得信赖。

如果你是亚马逊的首要会员，那么你选择亚马逊的概率就更大。让你加入首要会员，这背后的原因就是要让你沉迷于他们的服务，比如当天送达、免费亚马逊音乐和娱乐等。

损失规避会阻止你放弃首要会员服务。时间一长，倘若你对他们的服务满意，那么亚马逊就会成为你的首选电商网站。随着时间的流逝，现状会越来越牢固，因此就更难去考虑别的选择了。

另一个使人们坚守某个品牌的方法是给消费者提供奖励和返现，这样也能创造出一个更广泛的现状，进而促使消费者持续使用你的服务。现状偏差和损失规避是相辅相成的。如果消费者有优质的体验，比如奖励点数和返现，那么他们不太会更换他们的产品，因为改变选择意味着他们必须放弃这种优质的体验。现在，放弃特权造成的损失是我们不愿承受的。

为了提供独特的、优质的体验，品牌商们会不遗余力地推销他们产品的主要特点。多数情况下，商家力推的主要特点都是同类产品中最好的，这里有个奥妙之处。商家不仅会向你展示为什么它的产品是最好的，还会试图让你相信这个属性对你来说怎么重要，进而使该产品变得诱人。

主属性化

主属性化是品牌商们长期在使用的另一个策略。它是指仅对消费者说产品的特定属性，使这些属性更吸引他们。

曾有研究问其中一组想买笔记本电脑的人他们对内存的需

求，问另一组人他们对处理器的需求。

结果被问内存需求的那组人最终购买了高内存的电脑。而另一组人最后购买了处理器较强的电脑。为什么会这样呢？

当人们被问及他们的内存需求，内存就成了这些人的关键属性。处理器组也是如此。商家们倾向于讨论他们产品的主要属性，从而诱导消费者购买他们的产品。值得注意的是，主属性化甚至可以在不直接说出的情况下就能实现。某家家具商店做了一项分组测试，以检验用不同的方式打造他们的网站是否会影响消费者的购买行为。

他们在其中一个页面上展示云朵图案，在另一个页面上展示硬币图案。看到云朵的消费者最后购买了充盈松软的沙发。而另一边，看到硬币的消费者买了廉价沙发。更神奇的是，当他们被问到云朵和硬币时，他们甚至都不记得自己看到过。

第八章

市场营销中的情绪

情绪无须言语。全世界的人都会同样地微笑、流泪和大笑。这些情绪具有普遍的统一性。情绪只能意会不能言传。孩子自己就知道如何哭，如何笑，这是他们还在娘胎里就知道的事。

情绪会影响我们的判断，无论我们有没有意识到这一点。当我们以为自己在做富有逻辑性的决策时，我们的大脑时常会被一些潜在的情绪偏差所影响。

人类的情绪范围远不止高兴、悲伤和愤怒。每一个可能的人类体验都有其相对应的情绪。我们来看看其中一些情绪，以及它们是如何被运用在不同商家的市场营销策略中的。

快乐：千金难买？

快乐是人类情绪最基本的愉悦状态。

该情绪一直被运用在市场营销中，以培养一种满足感。它会令人对品牌产生积极的感觉。快乐是最没有争议的情绪。很少有人会因为快乐而感到被冒犯或感到难受。它鼓励乐观向上。

毕竟，这就是我们购物的原因——为了感到满足和喜悦。

让我们来看看把这项策略成功运用在自己的市场营销组合拳中的一些品牌。

快乐和市场营销相结合的最脍炙人口的案例就是著名的可口可乐的品牌主张——“打开快乐”。这个市场营销活动因其简单和愉悦的基调在很短的时间内风靡全球。它激励着人们传播善意，“分享快乐”。该广告还使用了许多视频，为广告特制的音乐也提醒着我们整个营销活动的轻松氛围。

达美乐比萨（Domino’s Pizza）为其快递送餐服务创造了“快乐送达”（Khushion ki hone delivery）的品牌理念。它在印度的广告活动特意给该品牌加上了“快乐”的字样以体现欢乐的元素。

讽刺的是，我们讨论的这两个案例——可口可乐和达美乐比萨——都发生在相近的时间点（2008—2009年），当时正值雷曼兄弟（Lehman Brothers）投行倒闭，公司纷纷破产之际。2008年那场使世界经济和市场动荡不堪的金融危机正在蔓延。那些日子乌云密布。这两家公司充满快乐的品牌主张可能不是有意为之，但却给身处经济凋敝的人们一线希望和些许乐观。

可以说，通过你的品牌给人们带去欢乐或欢乐的感觉是为你的品牌打造策略加入情绪元素的最简单的方法。这些品牌呈现自己的产品，就如同是无形的快乐情绪的最佳的有形展示。

爱在空气中

也许所有情绪里最复杂的要数爱了！它是我们对某人某事的一种强烈的情感，超过了我们与重要的另一半之间的关系。闭上眼睛，在脑海里想象你最爱的人。有的人会想到他们的父母，有的会想到他们的伴侣，有的会想到他们的兄弟姐妹，也有人会想到他们的宠物！

爱带给我们温暖，让我们感到被需要、被照顾。就像快乐一样，爱也是人们渴求的一种感觉。我们都想在生命中感受到爱的存在。因此，利用这种情绪的潜能来提升你的营销活动的魅力对你而言非常重要。

让我们来看看一些在营销活动中成功运用爱的品牌。

2月一来，情人节将至，市场上就满是红色的可爱的东西。鲜花、泰迪熊、巧克力！不仅仅是市场上有这些变化，品牌商们也会在他们的广告中加入浪漫的元素。

品牌商们运用爱的情绪一个最熟悉的例子就是丝滑牛奶巧克力（Dairy Milk Silk），见图8.1。

用丝滑巧克力替你表白

享丝滑巧克力限量版，胜过千言万语。

图 8.1 丝滑牛奶巧克力的情人节活动

情人节特供巧克力鼓励消费者大胆示爱。它给人一种爱必将有所回应的保证，这正是消费者在情人节之前所希望听到的。

国际铂金协会的广告是另一个例子。它庆祝情侣之间共享的联结和爱。它使用的标语“爱的铂金日”体现出情侣共度的日子是最珍贵的。

整个广告启用普通的情侣，而非明星。这使得该广告更富有亲和力，也更容易与消费者产生联系。

正如我之前说的，爱不仅仅是浪漫。最伟大的爱莫过于母爱，很多公司都把母爱运用到了自己的市场营销计划里。我们来看看其中一个例子。

Clinic Plus是一个洗发水品牌，它承认母爱的力量，尤其是母亲与女儿之间的纽带。

该品牌称他们的洗发水为头发提供能量，就像母亲给女儿力量一样。

婴儿护理品牌Mothercare是另一个例子。

该品牌充满了母亲对孩子的爱与照顾。从品牌名称到商标到产品，所有的一切都和爱有关！

抱负：渴望成功

环顾你的四周。这个世界的脚步如此之快，人们都无暇停留。每个人都只想前行，无论在生活中还是事业上。这些有抱负的人构成了你的消费者基础。虽然他们主要由城市中的千禧一代组成，但你依旧无法辨别他们的年龄、性别和其他人口统计学特征。

抱负是一种与高能和热情有关的情绪。它教导我们要实现自己的梦想。当你把这种感觉与你的品牌联系起来，人们就容易在每次使用你的产品时都汲取到动力，这使消费者感到充满活力，并做好准备去迎接他们渴望的成功。

这种情绪对面向年轻人或中坚一代人的产品来说有巨大的潜能。我们通常能注意到许多运动品牌和能量饮料会把自己的产品与这种情绪的积极能量关联起来。此类饮料中一个恰当的例子就是红牛（Red Bull）。

“红牛给你一双翅膀”，这个广告语红牛已经使用了20多年。该品牌广告活动之所以能成功，其原因在于它不是用“能量饮料”这个概念去吸引消费者，而是用它产品的内蕴与人们产生联系。它针对的是18—35岁的年轻一代。他们标语中的“翅膀”一词传递出的信息是，喝饮料的人会感受到肾上腺素飙升，使他们感到自己能展开翅膀，去实现任何事情！

我一开始提到过，怀揣“抱负”的消费者无法用年龄去定义。让我们来看一看一个特别面向儿童的品牌。

我们说童年是生命中最简单的阶段，但随着时间的变迁，如今甚至连孩子也面临着激烈的竞争和来自同龄人的压力。印度饮料品牌Bournvita意识到了这一点，并完美地将其运用在了他们的市场营销活动中。

该品牌的儿童巧克力饮料的广告语是“准备胜利”。它告诉孩子们——尤其是他们的家长——成功之路始于幼年。该广告为不同年龄段的孩子们打造不同的内容，分别展示不同的兴趣爱好（比如运动、学习和体操等）。因此，家长和孩子会把这款巧克力饮料与卓越和发奋图强联系在一起。消费者会产生共鸣是因为Bournvita告诉我们除了口味之外，这款巧克力饮料比市面上其他同类产品有更多的价值。

如果你能够让你的消费者感受到你信任他们及他们的能力，那么他们也会对你的品牌报以同样的信任并与你产生共鸣。

忧伤能大卖！

忧伤是另一种组成人类情感的基本情绪，这是一种心理伤痛。每个人在某些程度上都会面临忧伤。即便在最喜悦的时刻也可能会有事件让我们感到情绪低落。

忧伤是一种负面情绪。那么你该如何利用它为你的品牌产生正面效果呢？

据研究表明，当人们感到忧伤时，他们主观上并不愿意增加消费，但客观上的确会。事实上，某些人愿意感到忧愁。很多人喜欢听悲伤的歌，看伤感的电影，这能平复他们的心情。当人们把自己的情绪藏匿起来，没有时间去表达自己的感受时，他们会寄情于一些能让自己有所感触的东西，一些能告诉他们自己应听从内心而非头脑的东西。

使人热泪盈眶的内容能够让消费者立刻对你的品牌感触良多。有个专门形容这类广告的词汇叫“悲伤广告”（sadvertising）。这类广告能拨动目标消费群体的心弦。

让我们以电视歌唱比赛为例。参赛者们来自各行各业，要想胜出，除了评委的评分，他们还需要观众的投票。这种节目的设计能让参赛者利用自己的背景故事博得观众的同情并赢得他们的选票。该节目的评委也同样多次被感动。

最能有效利用这种情绪的方法就是讲故事。即便很久以后你也能记得这个情节。通过视频讲故事给人们留下的印象是平面媒体无法企及的。品牌商们通常会用真人真事来调动更深层面的情绪。

愤怒管理

当我们觉得自己受到了不公待遇，抑或感到身心遭受创伤，使我们怒火冲天的情绪就是愤怒。愤怒的标志是感到挫败和对他人激动。

如果管理不当，愤怒就是破坏性的、有害的。因此，玩弄这种情绪颇有风险。许多市场营销者已经在他们的广告里冒险驾驭了愤怒的力量。对愤怒的运用能够激发消费者反对现今盛行的政治、社会和环境问题。

当下我们社会中盛行的刻板印象就是愤怒的一个典型例子。当一种刻板印象被提出，其针对的消费群体就会感觉受到了攻击，这会使他们团结起来并影响他们的购买决定。

让我们来看一个例子。

彪马（Puma）的营销广告语“得体女性”意在打破刻板印象。“得体女性”这个标题展现了社会给得体女性定下的规范，它规定女性所该有的容止和礼仪。

女性们被告知她们必须“坐姿端正”或“吃相优雅”或“言

谈得体”，只因她们是女人。该广告把这些女性都团结了起来，让她们感到自己一直受到社会的不公待遇，并把她们的愤怒导向了该社会问题，促使她们站出来“问心无愧地”生活。女性会感到有人懂她们，并理解她们的愤怒。因此，她们会和这个品牌产生深刻的共鸣。

愤怒是一种极富攻击性的强烈情绪，对它的运用应该极为谨慎。毕竟，你不想让消费者对你的品牌感到愤怒，而是想让他们相信你和他们站在一起。确保你的目标依旧是让消费者意识到当下的问题并鼓励他们寻求改变。记得要加入一种积极的感觉，使整则广告以正面向上的基调收尾！

恐惧：面对它

恐惧是我们感受到的最强烈、最快速的一种情绪。它是一种原生的人类直觉，也曾是确保生存的工具。恐惧与“忧虑”诱因有着高度联系。正如面对忧虑一样，当我们面对恐惧，我们会停止思考并开始行动。人类在恐惧的情绪面前不会理性思考。

想想你每次去影院看电影时见到的“禁止吸烟”的广告。癌症患者的强烈画面信号在故意给大众灌输一种对吸烟的恐惧感。

作为市场营销者，你可能会为利用恐惧来操纵消费者购买你的产品而感到内疚。但是恐惧不一定意味着被吓到，也可以指人们面临风险时的预期。失去某事物的风险（规避损失）同样也是利用恐惧因素来说服买家下单。

保险公司在他们的广告中就利用了这种“宏观恐惧”。他们通过提及消费者家庭所面临的金融和健康风险来激起他们的恐惧。

例如，印度人寿保险公司（LIC）的标语是“逝后余生”。

害怕你爱的人遭遇不测的这种宏观恐惧使得消费者为他们死后将要发生（还不一定会发生）的事消费，这就是恐惧情绪的威力所在。

有些人还把恐惧这种感觉与紧张刺激和冒险联系在一起。他们寻求那些能让他们上头和感到刺激的品牌。

激浪的广告——“克服恐惧即为胜利”——就是一个典型的例子。该广告展现出凌驾于恐惧之上的探索的刺激，使观众为之激动，并让他们直面自己的恐惧，而不是逃避。

这种恐惧并不会昙花一现；相反，它有助于品牌和消费者建立联结。

厌恶：利用反对获得支持

厌恶是面对某种不愉快的事物所产生的抵触情绪，它会诱发烦恼和令人不快的行为。试想有一个垃圾桶塞满了快要溢出来的腐败食物，其中夹杂着水果皮，又旧又破的袜子，几天前吃了一半的三明治，三明治的外层还裹着变质的肉咖喱蘸酱，蝇虫满天飞……

想到这些，你会觉得有多恶心？如果这就是厌恶在我们脑海中呈现出来的画面，那么为什么品牌商们还想跟它扯上关系呢？其实，虽说厌恶是一种负面情绪，但它对我们的抉择的影响却比我们想象得大。

不同的人会对不同的事物感到厌恶，程度也会因人而异。（事实上，研究表明如果人们天天接触某事物，随着时间的推移，他们会克服对该事物的厌恶情绪。）

利用厌恶作为其营销策略一部分的广告并不多，这是因为当人们对某事物感到厌恶，他们就不太想消费。然而，如果得以谨慎运用，这种情绪就能够成为磁石，吸引人们来购买你的产品。

品牌商们通常把厌恶情绪和他们的广告联系起来，用以展示他们的产品能够帮助消费者清除污秽，这是大多数清洗剂、洗涤剂和洁厕灵等商家的基本逻辑。

例如，亮湃（Harpic）牌洁厕灵有一则广告就把肮脏的厕所在使用亮湃洁厕灵之前和之后的情况做了对比。

“使用前”的厕所图片自然让观众感到恶心，但促使观众们购买产品的正是他们对达到“使用后”的效果的渴望。

厌恶情绪通常与卫生和健康直接相关。

清洁用品品牌来苏（Lizol）的市场营销强调了地板清洁剂的两大功效。第一，它能还你肉眼可见更干净、更洁白的地板。第二，它有杀菌功能，能更好地守护健康。

人们对厌恶情绪的避之不及会促使他们购买你的产品。

永远别忘了，“购买是冲动的，不是理性的”。

利用人的情绪获得消费者关注，其秘诀在于简洁明了，有的放矢。切记时刻认准你的目标消费群体以及能引起他们共鸣的情绪。比如，孩子们就不太会被厌恶情绪所触动。

要想在你的广告策划案中成功使用情绪策略，就应当将不同种类的情绪融合在一起。使用愤怒的同时也调动悲伤；快乐和抱负一并运用；爱和快乐（或者忧伤）相随。要创立一套最适合你的品牌的组合拳，从而与受众建立起长久的私密联结。

第九章

你为何要购物

你也许会认为，人们之所以购物是因为他们对物品有需求，但事实却大相径庭。通常，我们买东西是因为我们喜欢这些东西，而总是没能去买真正所需的东西。本章我们将探讨购物的几个不同的动机。

为需求买单

大多数情况下，你购买是因为你需要。比如，你买食物和水是为了生存。然而，购物时，你总是不会去买自己需要的东西。生而为人，我们都容易在极大的诱惑下购买超过所需的东西，甚至是买一些我们不清楚是否想要的东西。令人惊讶的是，我们在超市购买的70%的东西都在计划之外。

另外，我们是否真的需要当今数不胜数的选择？我们以鞋子为例。你需要某种鞋子，并且可能需要好几双不同功能的鞋子，比如职场穿搭、休闲穿搭和运动穿搭。但是，每个种类都有成百上千的品牌提供成千上万双鞋子，这就让人难以招架。可供选择的款式琳琅满目，这会鼓励我们不仅仅购买超过所需量的东西，还去购买自己喜欢和渴望的东西。

你在购物上花费的时间也标志着你对购买活动的重视程度。通用消费者金融集团（GE Money）的一项研究发现，英国女性每年在购物上花费将近400小时，但在必需品（即她们或家人真正需要的东西）上花费的时间却不到400小时的1/4。因此，我们为了日常需求所花费的购物时间相对而言微乎其微，这意味着需求并不是我们的兴趣所在。

为欲望买单

加拿大蒙特利尔银行金融集团（BMO Financial Group）对消费者购物的动机做过一项研究。该研究发现，消费者的购物模式许多都和欲望有关。据该研究表明，60%的加拿大人会购买他们并不急需的东西，还有40%的人会购买他们从来不怎么用的东西。听起来很匪夷所思，对吧？该研究还发现，大多数加拿大人每个月都会花大量的钱在他们想买但非需要的东西上。这类东西的占比高达惊人的60%。

人们通过购物展现自己的个性、确立自己的身份。自我认知向来都是人类的一种挣扎，此话不假。它从儿童时期开始，接着在青少年时期转变为努力树立自我以及区分自己和他人。

然而与此同时，作为人类，我们也都隐藏着对合群的渴望。这是一种很深奥的情况，一方面你希望合群，另一方面你又想突出自己。所以人们会购买和自己价值观相同的品牌所生产的产品。

试想一下，苹果公司的iPhone调查发现，在性格测试中外向程度更高的人拥有这样一部智能手机的概率更大。是不是很神奇？智能手机公司通过心理画像来为店里的客户匹配他们最有可能想要的手机类型。然而，对于想要一台iPhone手机的人而言，使用iPhone手机的技术是次要的，它更多的是一种身份认证。它是一枚徽章，用来认证“我是精通技术的一员”。

史蒂夫·乔布斯（Steve Jobs）曾正确地指出，“人们并不知道自己想要什么，直到你展现给他们看”，这意味着如果你能一并重视消费者的欲望和需求，你就一定能提高销量。像亚马逊和Flipkart这类电商公司会利用推荐功能来激发消费者的欲望，进而使消费者额外购买同时满足自己需求和欲望的商品。

为他人买单

和为家人、亲戚或朋友购物的消费者打交道是另一种全新的较量。有时商家会感到很沮丧，因为他们在追踪消费者的习惯或兴趣，可这名消费者却突然买了一样出人意料的商品。这个问题在网络世界被放大，因为电商公司无法追踪消费者购买某样商品的动机。

线上公司通过cookies来追踪人们的购物和搜索习惯。这些是你电脑上的小型文本文件，能帮助网站知道你是谁以及上次登录的时间。你的身份可以匹配到你的购买模式和你对网站的使用方式，进而为你推荐相应的商品。

但是，一旦消费者开始为他人而购物，推荐就不那么准了。当你为你的家长或伴侣购物时，一贯的追踪习惯就成了多余。这时，卖家便无法利用心理因素来激发起人们购买更多商品的欲望。

当人们为别人购物时，劝说技巧和心理策略对他们而言就不那么管用了。他们只想花最短的时间买一个特定的产品。这类买家并不想面对推荐或相关产品。他们就是来快速下单的。他们只是想找到一个商品然后买下来。电商公司有办法解决这个问题吗？有。一个源自英国的大宗商品零售网站阿尔戈斯（Argos）采用了一套系统，能让消费者输入目录中的产品编号然后直接导到该产品的购买页，进而节省时间。该网站还在消费者购买产品时加入了“礼物”选项，从而有助于推荐功能的管理。

为社交买单

一项针对卡塔尔（Qatar）超市顾客的研究发现，两种主要的消费者行为分别是为了满足个人需求和为了社交。该研究表明，我们从线上或线下购物中获取的其中一个益处就是它有助于我们进行更深层的社会参与。

线下商家发挥购物的社交属性，从而建起了百货商店，人们可以走走看看，与朋友一起消磨时光，有个愉悦的心情。商场和购物中心继续成为一种休闲场所。它们都建有电影院、娱乐设施、儿童玩耍区域，以及娱乐大厅等。这种想法也同样能延伸到网络世界。在当下这个脸书、照片墙和推特的时代，用社交媒体搞社交对大多数人而言都是小菜一碟。照片墙和缤趣（Pinterest）里到处都是人们分享的有关自己购物的照片。社会参与在当今数字化世界中极为关键，因为人们总在争分夺秒地通过社交媒体软件与他人进行互动。

线上购物为何是种福利

线上购物与传统的线下购物有何不同？现在大多数人都转向线上购物，这一事实就能说明线上购物对人们的影响。但是线上购物靠谱吗？由于买家仅凭观看产品图片就要决定是否下单，所以产品可靠性方面总会有些含糊不清。威斯康星大学密尔沃基分校（University of Wisconsin–Milwaukee）的一项研究把线上营销世界中的便利因素和风险因子做了比较。结果表明，便利远胜于风险。人们做好了准备，不惜冒着容易透露自己信用卡细节的风险来换取送货上门、便捷下单，以及大量物品可供他们挑选的便利。

对更便捷的需求源自全世界各地工作实践所发生的变化。人们已经过上了更加复杂的生活，总是忙于奔波。由于上班女性的数量也在增加，人们对线上购物的需求已然翻了数倍。因此，对于繁忙的人们而言，互联网就成了一种福利。

现在，我们来深入讨论消费者在网络世界里所享有的各种优势。

线上购物省时吗

我们在网上购买商品节省了时间，不必去零售商店花费时间挑选特定的物品。但是事实真的如此吗？

失真效应

零售心理学专家帕克·昂德希尔（Paco Underhill）曾指出，我们对购物的时间感知是失真的，这被称为“失真效应”。他的研究的主要结论是，当你以特定方式和周围环境互动时，你在购物狂潮中花费的时间会变短。因此难怪当消费者面对线上商店乱花渐欲迷人眼的互动能力时，他们希望通过线上购物节省时间的可能就变得很黯淡。比如，消费者花了超过所需的时间去调查网上的目录并阅读评论。

另一项由营销图表披露的研究结论更令人惊叹，50%的人在线上的营销世界中花了自己75%的时间去调查产品，然后再去实体店购买。你可以了解到相比实体店购物，人们花费了多少时间在网上研究产品。

其他因素

下列其他心理效应也能影响你的时间感知：

1. 网络世界的时间感知与我们的情绪状态有很大关联。使我们感到兴奋、有趣、好奇的产品很大程度上会改变我们对时间的感知，因为上网者经常忘了时间。

2. 也许你会感到惊讶，但从屏幕投射出来的光线同样也能改变我们对时间的关注。有一种叫褪黑素的荷尔蒙管理着我们的睡眠周期。因此，你接收到的光的总量会影响褪黑素的释放，进而又会影响一系列的心理机能。其中受影响的一大机能就是你对时间的感觉。

线上营销者们不仅必须确保消费者在他们的网店里花费了大量时间，还要确保消费者必须觉得系统是快捷的，他们感知到的时间是迅速的。色彩心理学此处就有了用武之地。黄色会让人快速行动，而蓝色会让人放慢速度。

选对色彩组合能为你的网站起到奇效。例如，蓝色背景能让用户在你的网站上消磨时间，而号召行动的按钮使用黄色能督促他们快速购买你的产品。

线上购物的成本效益

作为用户，我们希望省钱，这毫不奇怪，而且网店也很好地满足了这一点。基于网页的零售商所需的基建费用低，因此产品成本也被有效降低。例如，网络营销者们无须花钱建造许多零售商店。他们还可以雇用较少的员工，而且他们的配送成本也会更低。

当下流行什么

购物行为蕴含一个强大的心理因素——“社会认证”（social proof）。人是社会性的动物，社会化几乎是不可避免的，这就导致人们总渴望被社会接纳及确认自己从属于某个团体。比如，人们会倾向于在他们同龄人购物的同一个商店里购买产品。这里的同龄人是指年龄段、性别，或背景相同的人。亚马逊成为第一大线上市场并非全凭运气。亚马逊能敏锐地捕捉到社会趋势，你会注意到每件物品的网页的下方你都能看到“购买该物品的人还买了”的推荐。

买家对社交网络之所以如此着迷，是因为人们能够知道自己的朋友对什么感兴趣，他们在买什么，以及自己怎样才能融入小团体。

在互联网购物诞生之前，要想做到这一点是个比较麻烦也相对缓慢的过程，因此团体成员可能总是买不对东西。现在，他们能够实时掌握自己的团体在买什么。

从某种方面来讲，属于某个社会团体同样也导致了竞争行为。人们喜欢炫耀自己是第一个讨价还价的，或者成功在最后一刻买到物品等。鼓励消费者在他们的社交媒体上晒出产品，比如在推特或脸书上发布你的产品，这样可以催生竞争意识。类似地，脸书有许多群组，尤其是为某件特定产品所策划的群组，这使用户能够知道他们的朋友喜欢什么，以及对什么产品感兴趣，这有助于点燃人与人之间的竞争意识。研究者也证实了竞争在我们的购买行为里极为关键。买家们热衷于高其他买家一头。

新款iPhone系列（2019年）有个脸书群组，组员多达4.7万人。如果你有些朋友在这个群组里，那么你很有可能被诱惑着去购买苹果手机，因为它能让你更合群。

买家希望能快速对比

这和人的竞争天性有关。网站提供价格对比能帮助你找到市面上最划算的买卖，由此，对比购物在线上市场得以发展。人们喜欢省钱，这就是这些网站需求量大的原因。

面对选择，买家是否不知所措

实体店的主要问题在于无论店面多大都不可能有足够的空间展示所有物品。一家时装店不可能展示每款连衣裙的每个尺寸和颜色。

然而线上购物时，消费者能够把商品一览无余。每样东西都有自己的位置。全球最大的网购平台阿里巴巴（Alibaba）几乎什么都卖。

为用户提供海量选择的这种做法同样也能够延伸到当博主这件事上。如果你正在创建博客，那么有效的办法是做足研究使你的博客内容既浅显易懂又富有信息，这会给人一种你很在行的印象，用户们也喜欢看能增进知识的内容。

互联网使编辑大数据变得简单。你是否曾想过拥有一款音乐识别软件，其资料库能收录2700万首音乐？这个软件叫Shazam，它强大到能识别你所能听到的所有的音乐。创建庞大的资料库有助于提高某个特定的网站在用户心里的可信度，其威力不容忽视。

库存的重要性

鹿特丹伊拉斯姆斯大学（Erasmus University Rotterdam）研究员劳伦斯·斯鲁特（Laurens Sloot）发现，促使消费者从线下购物转而青睐线上购物的主要因素是对线下商店库存不足的烦恼。线上购物解决了这一问题。如果某件商品在一个网站已经断货，用户还能轻松在另一个网站上找到它。只需轻点鼠标，网络市场的库存就能触手可及，这句话说得没错。如今，由于现在的用户越来越没耐心，库存充足有助于巩固消费群。

谁不想按自己的条件派送

现在的人们越来越叛逆。他们不想被任何人牵着鼻子走，不喜欢听别人的号令。试想一下，商家单方面告知你派货的时间。感觉不太好，不是吗？实体店的一个问题是消费者只能购买店里有库存的商品，但对于售罄的商品，他们需要在商家方便的时候再去店里一次。

有趣的是，在消费者方便的时间送货上门是使线上购物变得极为便利的另一个因素。比如，从线上杂货店购买产品也许没有去实体店买来得快速，但你总能安排出一两个小时的空余时间网购而不影响你其他的活动。

在亚马逊也是一样，你能够选择次日派送或过几日派送，目的地可以是你的家或者你提出的其他地址。

著名的时尚商店ASOS和一家名为Collect的网络快递公司就合作推出了类似的灵活派送服务。该公司的线下实体店提供几百点积分，还负责大型线上商家的退货服务。

第十章

价格即感知！

导 语

企业没有市场营销就好比在跑步机上跑步，虽然你跑得很快，但只是原地踏步。

你只需做一件很简单的事就能让你的营销赚更多的钱。你能猜到是什么吗？你如何决定你的产品或提供的线上服务该如何定价？你总不能给你的产品或服务随便想一个数字。定价的背后有科学依据，远远不仅是追踪竞争对手的报价那么简单。

无论消费者何时看到商品的价格，都会相应地产生一种心理。想象一下，如果苹果产品没有高品牌价值和高昂的价格，你会如何看待它的品质？如果你用本田锋范（Honda City）的价格买了一辆法拉利（Ferrari），你还会觉得一样吗？有时，廉价出售对企业来说可能是灾难性的。一个典型的例子就是塔塔纳努汽车（Tata Nano）的失败，因为人们一般会把车与人的地位联系在一起。

购物心理之所以能奏效，是因为人们在拥有任何资产时都会感到满意。但是，又远不止满意。人们希望产品的价值能够弥补他们花钱的痛。因此，定价科学就成了营销的关键内容。

随意一致性

随意一致性（arbitrary coherence）即价格相关性原则。它是指即便一开始的价格较为随意，但是一旦进入实践，该价格就会塑造我们对这家公司当前和未来价格的感知。

换句话说，初始价格有助于锚定所有其他类别的购物。有研究发现，搬了家的人通常还是习惯于他们之前所住城市的物价。也就是说，从物价较低的地区搬迁到昂贵的城市的那些人不会为了融入新市场而增加开销。恰恰相反，这些人的开销还是会约等于他们在之前的市场所花费的额度，哪怕这意味着他们和家人不得不挤在一个不如之前舒适的家里。我们似乎更倾向于在自己初始市场的开销模式，且并不会因为新市场而改变自己的开销行为，这意味着我们会将自己与初始价格进行锚定。但是有没有办法从一个锚定价格跳到另一个？抑或你的首个锚定就会伴随终生？锚定都是相对的，产品的价格也一样。

由于价格的相对性，你的产品永远不会太便宜或太昂贵。要在网上出售一台4万印度卢比的智能手机用什么办法才最好？很简单，只要在商品目录中把它和一台标价5万印度卢比的智能手机摆在一起。正常情况下，人们会倾向于取所有可选价格的中位数并避免极值。作为营销者，如果你想要卖出预期量的某件物品，就把更优的价格放在中间，尝试以尽可能最优的价值出售它。

30 天所有账号免费
只需用 60 秒挑选一个套餐并注册。任何时间可升级、降级或取消。

高级套餐	增强套餐	基础套餐
99 美元 / 月	49 美元 / 月	24 美元 / 月
适合超级用户	最火的套餐	适合小型群组
最多 40 名用户	最多 15 名用户	最多 6 名用户
30GB 存储空间	15GB 存储空间	5G 存储空间

图 10.1　消费者更倾向于选择中间价格，避开极值

上图10.1诠释了韦伯-费希纳定律（Weber-Fechner law）。该定律告诉我们价格是相对的，它解释了消费者对价格的感知。比如，上图中的“增强”套餐作为中位数，另两种套餐作为参照。两个99美元和24美元的极值促使消费者选择49美元的套餐，因为这个套餐似乎最合适。

零的力量

你是否曾只为拿到买二赠一的赠品而买下两件你一开始不确定是否想买的商品？零是一个情绪的热键。减免100%甚至比4折更让人觉得划算。你会更愿意买哪一个？一个免费赠你的价值100印度卢比的产品，还是原价1000印度卢比现价400印度卢比的产品？虽然后者能为你节省600印度卢比，但你依然会偏好100印度卢比的免费赠品，这是因为你觉得没有任何风险，不需要承受破费的痛苦。

因此，定价领域会特别强调零的力量，因为免费而引起的情绪高涨大有作为。心理学也把这种现象称为零元效应。在数字空间里，市场营销者运用零元效应免费提供一些产品和服务。见图10.2。

今天注册，享受免费试用。

图 10.2　免费试用活动

许多商家都会使用这个策略让消费者同意试用服务，毕竟不收费。你也许曾见过奈飞的一个月免费试用活动。他们十分有效地利用了零元效应。开启一个月免费试用后，该效应也提高了奈飞的营业额。试想一下，如果不是免费试用而是其他任意的折扣套餐，奈飞会有多少损失。

“不花一分钱买下东西”是一种矛盾修辞法，是指我们花零元得到产品和服务。从奈飞的例子可以看出，我们一旦与该公司产生了联系，未来订阅它也变得很合理，因为你已经和他们建立起了潜在的关系。我们在影响力法则里通过承诺与一致性法则已经讨论过这一点。

从价格的角度来讲，免费得到某物通常是幸运的，这种理念也同样适用于时间。毕竟在一种活动上花费了时间等于在另一种活动上省下了时间。所有电商都提供免费送货服务，但会对极速派送收取高额费用。没有特殊必要时，人们一般会选择前者。这在他们脑海里形成了一种思维，认为公司的免费送货服务是在为他们提供好处。

零的理念还适用于食物。假设你在派对里喝着软饮，与朋友侃侃而谈。一种品牌的软饮是类似健怡可乐的零卡路里饮料，而另一种软饮有10卡路里的热量。考虑到你的健康，哪个品牌的软饮会让你感到舒服呢？即使两种软饮的卡路里区别微乎其微，但你潜意识里觉得自己做了更健康的选择，你在做正确的事。

作为电子营销者，你应该了解零的力量，因为它能让你大有作为。你能通过免费发放物品以及免一部分单来吸引人群。

数字世界里一个十分棒的操作是派发赠品。大部分优兔网和照片墙的网红们都在采用这个策略来吸引消费者。赠品不仅有助于建立品牌知名度或获得产品展示机会，还有助于建立忠实的消费者基础，增进潜在用户开发。

赠品是打造你的社区的最有效的策略之一。如果你有定期锻炼的习惯，那么你也许曾在优兔网频道上见过一个关于ATHLEAN-X的广告。该广告中提到，视频上传后一小时内点击观看的人中有100名幸运儿能够享受30天的免费健身项目。

你能看到下图10.3中框出的区域内搜索次数的猛然激增是因为教练引进了免费赠送项目。从2018年1月开始，ATHLEAN-X的搜索查询次数急剧上升，仅因他们在优兔网平台的赠品活动吸引了更多的观众。

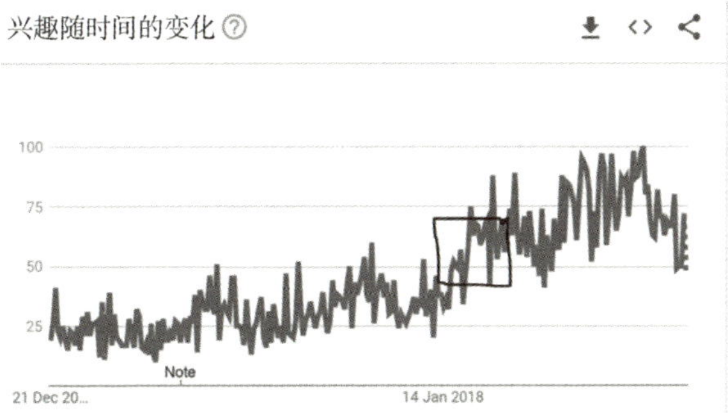

图 10.3　谷歌上对关键词“ATHLEAN-X”的搜索趋势

社会规范如何影响定价

《怪诞行为学》(*Predictably Irrational*)一书的作者丹·艾瑞里(Dan Ariely)曾说："我们会开开心心地做事，但不是在有偿的情况下。"

这是一个硬币的两面。一面是社会规范胜出，而另一面则是理性胜出。

我们不得不遵守社会规范，因为人是社会性动物，而社会化是我们的天性使然。我们从小都被教导要助人为乐，如果我们不这么做，则会让自己感觉不像个好人。

数字营销在许多方面都是收益颇丰的好事。其中一个原因是它具备以别人意想不到的方式融合社会和营销规范的能力，这正是"随你付"(pay what you want，PWYW)策略能成功的原因！品牌商的这个策略允许消费者根据自己认为的服务和产品所应有的价格来付费。消费者有一分不付的自由。潘娜拉面包店(Panera Bread)在其三家实体店试运行了"随你付"策略。公司提供和其正常定价的店铺相同的产品，但每件商品都列出了"建议捐赠"的金额，消费者则可以随自己意愿支付。要注意的是，这只是个建议，消费者可以随意支付。潘娜拉面包店发现有达20%的消费者愿意支付超过食物指导价格的金额，还有20%的人选择少付或一分不付，剩下的人支付了捐赠的推荐金额。

另一个例子是电台司令（Radiohead）在发行新专辑时运用了“随你付”策略。该乐队的这次营销活动最终售出120万张专辑，赚取约960万美元，粉丝们平均每张专辑付费8.05美元。有的消费者甚至为专辑支付了500美元！

市场规范和社会规范相碰撞的另一个例子是人们想要为事业而不是为钱工作。美国退休人员协会（American Association of Retired Persons，AARP）有一项研究发现，律师更愿意为有需要的退休人士提供免费服务，而不是收取更少的费用。零印度卢比怎么会比补贴费用更吸引人呢？这是因为提到钱时，律师们的脑海里想的是市场规范，因此也就提不起兴趣去提供服务。但是不提钱的时候，社会规范则占了上风，律师们就愿意答应提供服务了。因此，一旦市场规范被纳入考量范围，社会规范就退出考量了。

强推开源软件

开源软件体现了社会规范的力量。我们以Linux为例。你可以在其中一个论坛上发布问题或发起询问，一眨眼就会有人花他们自己的时间来回应你的询问。你还能想到类似水平的服务吗？这些社区里的人们很乐意为社会贡献自己的时间，这是因为为社区做贡献能极大地振奋人心，为我们提供了内心的满足。像问答平台Quora、大众提问板块AskReddit和雅虎问答（Yahoo！ Answers）都是基于这种提供免费服务的基本心理常态，无论这种服务是有形的还是无形的个人时间的投入。用钱激励人不仅更困难，而且更昂贵；社会规范不仅成本更低，通常也更有效。

礼品的力量

在公司还有另一个因社会规范和市场规范的碰撞而引起的议题。你应该给员工一个价值1万印度卢比的礼品，还是给他/她1万印度卢比的现金？作为公司的执行总裁，你会推荐哪一个？在数字市场中，这个问题可以用礼品券的力量来解决。

礼品券

针对上一个例子，绝大部分员工会选择现金而不是礼品，但礼品有它自己的价值。礼品通常有助于促进组织内雇主和雇员双方的健康关系。有了这种健康关系，你就为每个人都带来了长期的利益。亚马逊利用礼品券使消费者感到自己的特殊。永远不能低估礼品的力量。据美国零售联合会（National Retail Federation）2015年的调查显示，礼品卡依旧位列第一，连续九年成为最受欢迎的礼品。礼品卡/礼品券给你提供了随意选择的自由，但与此同时也伴随着礼品非个性化的这个不讨喜的属性。不过这个缺陷可以通过个性化的礼品卡来弥补。这种礼品卡拥有双重优势，因为不仅消费者能在自己方便的时间随意购买，而且卡本身还是为他们特殊定制的。个性化使礼品卡附带的送礼情绪增强了数倍。现今的大多数电商公司都提供礼品卡。礼品卡不仅能够缩小社会和市场规范间的差距，还能通过使礼品卡更加个性化来为礼品卡增添价值。消费者可以通过添加照片和个性留言来实现礼品卡的个性定制。

孟菲斯大学（University of Memphis）的一项研究调查了获取折扣的动机。该研究发现，通过使用折扣券省钱而获得的骄傲和满足感是目前最大的。他们进一步强调，对公司有利的做法是公司应该更加突出消费者使用折扣码后的满足感，而不是强调公司提供的折扣本身。

有包括礼券网（Coupons.com）和我的礼券码网（MyVoucher-Codes）在内的超过1000家网站提供折扣券。这些网站吸引了大量对折扣码感兴趣的买家卖家前来访问。

返现

回到该给公司员工礼品还是现金的例子，我们无法忽略现金的威力。

现金能够给人带来即时满足感并始终使人感到自己的强大

和掌控力。越来越多的网络市场已经开始在他们的营销手段里包含返现，见图10.4。

买一张礼品券最高返现1万印度卢比

图 10.4　返现的威力

诸如印度最大的移动支付和商务平台Paytm（印度最成功的创业公司之一）这样的公司对几乎每笔通过它们的网站交易的钱款都提供返现机会，以此来吸引更多消费者。

是否应该打折

易贝网（eBay）是美国最大的跨国公司之一，它自豪地显示出折后价格以便你能看见你买到了特价商品。它甚至有个“你节省了”的通知，会显示节省的金额以及节省的百分比，来进一步强调这个事实。所以如果这个策略对易贝网有效，对你也会有效吗？宾夕法尼亚州立大学（Penn State University）在费城

（Philadelphia）进行的一项研究给这个议题带来了一个十分有趣的转折。该研究发现，没有切实的证据证明人们对折扣敏感。相反，很多情况下折扣可以是灾难性的，会给消费者带去一个错误的信息。如果你对自己的产品和服务的价格不够有自信，那么消费者同样也不会有信心。因此，折扣也许并不如传统思维中的那么重要。

商家似乎相信折扣大酬宾会带来更多的商机和更多的网站流量。然而，这枚硬币有它的另一面。纳什维尔的范德堡大学（Vanderbilt University in Nashville）有研究表明，使用折扣价的网站可能会面临利润的流失。因此，要想提高你的网络盈利能力，就应避免直截了当的折扣，这种折扣起到的效果和许多商家认为的截然相反。

“那我们应该怎么做才能吸引消费者，从而提高销售额呢？”这个问题的答案就藏在我们上面讨论过的折扣码和礼品券这一突破中。

价格预期的启动

你以为消费者总是在找寻最经济的价格。但是事实并非如此。当价格低廉时，人们似乎对价格比较敏感，但还是乐意为其他物品多付钱，哪怕他们知道市面上有更廉价的类似产品。对任何个人而言，物品价格在决策过程中的影响相对较小。

如果价格不是决定性因素，那么什么才真正地影响消费者呢？

当你身处一家高奢店，你预期会支付更多。苹果能收取更高的价钱是因为它已经提升了我们的预期，并因商店和网站的高奢感而启动我们自己的预期去支付更多。另一方面，如果你去的是一家简朴的商店或网站，你就自动会预期将支付更少的价钱。

启动现象同样也出现在餐馆。你知道全球最大的快餐连锁——麦当劳（McDonald’s）以派送速度快闻名。它用明亮的色彩和五颜六色的塑料餐盘所营造出的环境都在强调该餐馆不是你慢吞吞地进餐的地方。另一方面，如果你去的餐厅有桌布，有服务员，有个激发你高奢感的氛围，即使它只提供简单的汉堡包或薯条，你也能悠闲自在地在里面坐很久，那么你就会愿意支付启动你预期的价格。

这个现实生活中的简单的例子说明，如果你想要人们在你的网站支付更高的价格，那么你应该启动他们相应的预期，确保网站散发出奢侈的感觉。

例如，在苹果的网店，无论你浏览到产品目录的哪里，价格都是用浅灰色显示的。只有选中特定机型时，字体才会加粗。即使到这一步，价格的字体也只是和主文本字体相同，再配上一个只写着“继续”的号召行动的蓝色按钮罢了。按钮上并没有写“立即购买”，这一点就和启动效应大有关联。启动效应并不是你在物质世界或互联网上所创造的环境，而是你所使用的价签种类，你展示价格的方式、字体颜色，甚至是网页上价格标签的位置等，这些都会影响人们对你的定价的感知。

数字网红群体

在前几节里，我们讨论了公司定价可运用的多种策略的重要性。但是社会认证这一心理因素也会间接影响产品和服务的定价。什么样的消费者访问你的网站在这个过程中至关重要。

社会参照组的作用也十分重要。曾几何时，市场营销者的一句话就是圣杯，但是今时已不同往日。由于数字平台允许买家发表自己的意见，非营销性质的内容开始涌现在各大数字媒体平台上。非市场营销者们具有买家的眼光并能够倾听买家的声音，因此他们被认为比营销者更可信。这些网红向人们展示产品的实物图，也会讲述营销者通常避而不谈的产品缺点，进而引导人们做出更好的选择。

网红群体兴起的另一个背景是我们在购买一种产品时也与该类型的公司产生了联系。让网站拥有者有利可图的做法是向消费者展示他们的同类人也在使用这些网站，正如消费者期待的那样。类似脸书群组的社交媒体小程序十分有帮助，可以展示谁在“点赞”某家店。一些社交媒体技术能够发掘什么样的消费者在你的网站购物，这有助于启动价格预期。

这在现实生活中很普遍。试想当你想买一只手表，你正在网上寻找最合适的选项。首先，你去查看卡西欧（Casio）的网站，从一开始你预想看到的就是买得起的实用型手表。接着你去查看劳力士（Rolex）的网站，从一开始你就不会预计价格能低于10万印度卢比。如果作为网页访问者的你在查看价格之前就已经知道你正在访问为百万富翁打造的公司，你难免会预计其产品很昂贵。然而另一方面，如果网站描述的经常到访的都是些可支配收入较少的人群，或者还配有普通场景下人们的图片，你作为消费者就会启动预期，认为其价格应该不会高。

耐克成功把自己打造成了面向运动员的品牌。无论你何时想到耐克，你或多或少都会想到迈克尔·乔丹（Michael Jordan）、克里斯蒂亚诺·罗纳尔多（Cristiano Ronaldo）、尤塞恩·博尔特（Usain Bolt）等为该品牌背书的运动员们。因此你不仅仅在为产品买单，更是在为价值——刻苦努力的高水平运动员的价值体系而买单。

互联网是否阻碍了启动过程

需要考虑的一个首要启动因素就是互联网！消费者习惯了

互联网为他们提供的低成本环境。中国台湾的研究者调查发现，人们一般会预期互联网上的价格比实体店低8%。这一部分是因为人们相信线上的管理费用较低，因此公司节省了开销。在网上开展业务的公司某种程度上受到了互联网启动效应的阻碍，因为人们已经习惯于偏低的网上价格。

玩弄数字

无论你是在线上还是线下的市场，你都不得不确保你在盈利。因此，你自然而然会想为你的产品或服务制订尽可能最贵的价格。但是多贵才算是最贵呢？纽约大学（New York University）开展的一项科学研究发现，向下舍入价格时，消费者会觉得比实际的价格便宜，这是因为取整给第一个位数带来的影响。试想一个物品标价2000印度卢比，另一个物品标价1999印度卢比。消费者理性地知道两者差价仅为1印度卢比，但是现在第二个物品价格的第一个位数的数字仅为一半的数值，这让消费者认为1999印度卢比的价格比2000印度卢比要便宜得多。

取整心理学

有证据表明，人们倾向于向上取整偶数，向下舍入奇数。

“我们视奇数为降序，视偶数为升序”。如果某样东西标价997印度卢比，你会舍入成995印度卢比。相对地，如果某样东西标价998印度卢比，那么你会取整成1000印度卢比。因此，市场营销者偏爱奇数，因为奇数让人们认为自己买的划算。

为何互联网充斥着末位为“7”的标价

请试着说999（nine nine nine），再试着说997（nine nine seven）。大概率你说前者的时间会较长，这是因为我们偏向于加长“ine”的元音。因此，这让末位数为7的价格似乎更短也更便宜，这也解释了为何标价997印度卢比要比标价995印度卢比更有效，因为更高的这个价格听起来更小。

价格展示

物品价格以何种色彩展示同样也至关重要，决定了产品是否具有高价值。

下图10.5是亚马逊的冬季男装目录。很明显，所有的亚马逊产品价格都用红色显示，这似乎与直觉相悖，因为红色被认为代表着危险/警报。但是对亚马逊而言，红色能提供巨大价值，因为红色也传递出一种潜意识信息，促使人们快速行动。

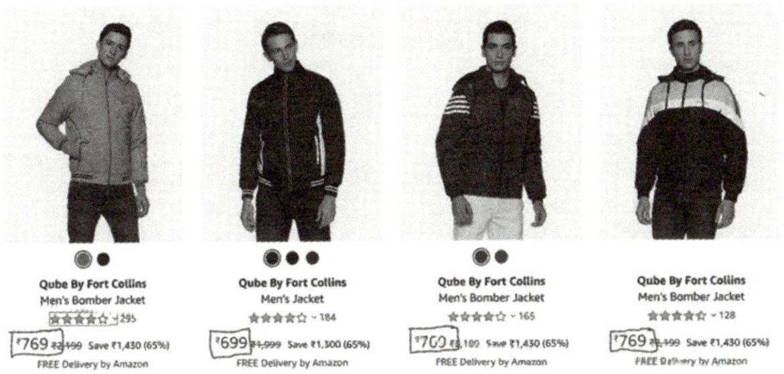

图 10.5　亚马逊网站上冬季男装的截图

但是外观心理学比看上去的要复杂得多。牛津大学赛义德商学院（Saïd Business School at the University of Oxford）的研究解密了男性和女性对色彩的解读差异。该研究表明，红色价格对男性的影响比女性大。事实上，价格的色彩对女性几乎没有差异。所以如果你有一个专门为女性打造的彩妆网站，那么无论用何种色彩展示你的价格可能对购买行为的影响都不大。

另一方面，对男性而言，启动的关键永远是色彩。红色代表交配，是一种强烈的性信号。所以如果你的消费者以男性居多，那么用红色展示价格会更好。

另一个关键是价格信息显示的位置，它和色彩同样重要。当你关注某样东西的左侧，你会觉得它比你关注右侧时候的要小，这暗示着如果商家把价格展示在页面的左侧，那么消费者会认为价格比实际的要低。

动态定价

动态定价在线上市场极为普遍。它意味着通过各种资料分析技巧对不同因素进行实时分析，得出面向个体消费者的报价。价格可以根据该消费者回访特定网站的次数、产品和服务的卓越程度、竞争网站的同期价格等等而改变。这种做法在旅游业非常普遍，价格随着你访问页面的次数而攀升。

这种做法虽对商家有利，但会有反作用，因为消费者会越来越意识到这一点。消费者希望价格在合理时间段内对所有消费者保持稳定，而且如果他们发现自己被商家通过动态定价歧视，他们就会不再信任商家。

因此，作为商家，如何才能在维持忠实的消费者基础的同时充分利用动态定价呢？答案是透明公开。处理动态定价的其中一种方法就是为特定消费者提供差异化的价格。例如，有些网站偏爱拥有会员卡或会员身份的消费者，会给他们更低的价格。

微软（Microsoft）在他们的学术优惠中完美地融入了动态定价。该学术优惠为学生和院校职员提供比大众更低的价格。这种动态定价公开透明，更重要的是比秘密或隐性动态定价更能让人接受。

动态定价的另一种透明的操作方法是了解消费者对你的产

品和服务的效用力。例如，水电部门的价格会根据消费者预计在明年会使用的水电量而变化。如果你一个月使用了超过120单位的电量，那么你也许会比每月使用不到100单位电量的人得到更优惠的电价。你的网站要想打好动态定价这场仗，唯一的策略就是公开透明，对消费者说明你在做什么，以及这么做的原因。

价格对比的复杂性

随着数字化席卷市场，它也使人们能够很容易地发现不同地区或不同网站的标价是否有差异。消费者只需一眨眼就能对比某件特定产品在两个不同的网站上的价格。价格对比成为可能后便快速涌现了一批价格对比网站，这样人们只需访问一个共同网站就能实现价格对比。一些专业的行业网站，比如优栈网（Trivago），专门对比旅馆价格。这些专业从事价格比对的网站从他们网站列出的公司那里赚取利润。换言之，公司花钱让这些价格比对网站为他们引流希望省钱的消费者。

第十一章

社交媒体营销

社交媒体连接消费者和商家的方式是其他任何市场营销形式所不能及的。

许多公司虽然清楚社交媒体的战略重要性，但却不能对其进行有效或正确运用。你在社交媒体上发布的内容直接影响着消费者对你的品牌的感知以及他们从你那里购买的概率。我们来认识一下消费者对你的社交媒体文案有何期待，以及你如何才能赢得这场社交媒体比赛，从而利用好这个数字化时代。

社交媒体和消费者的生活有着千丝万缕的联系。为什么人们会如此频繁地使用社交媒体？这个问题的答案与大脑有关，十分复杂。我们将揭秘社交媒体心理学，并了解你能加以运用的特定的心理法则，让你的产品变成人们的渴望，让渴望变成需要。

社交媒体与人类心理交织

脸书坐拥共27亿用户，是最大的社交媒体网络。很显然，社交媒体有某些特质深得人心。社交媒体对大脑有何影响？为什么它能成为你生活中的一大部分？

1. **社交媒体的神经效应**：2012年芝加哥大学布斯商学院（University of Chicago Booth School of Business）的一项研究测量了参与者对一系列事物的意志力，包括吸烟、购买决定、喝咖啡，以及社交媒体的使用。研究结果十分有趣。相比包括香烟和咖啡因在内的其他任何事物，参与者更难以抵抗来自社交媒体的诱惑。使用社交媒体能诱发大脑分泌一种叫多巴胺的化学物质，这种物质催生了渴望，这也使脸书、照片墙、推特和抖音海外版（Tiktok）比药物更上瘾。多巴胺不是使用社交媒体时大脑分泌的唯一化学物质。催产素，也被称为“爱的化学物质”，同样也会在使用社交媒体时分泌。皮尤研究中心（Pew Research Center）在 2011年的一项研究显示，使用脸书等社交媒体网站的人比不用的人普遍更慷慨，也拥有更强大的社交互助网络。

2. **自我展示**：人们在社交媒体上最普遍做的事是分享自己的信息。在脸书资料页展示自己的照片和资料信息等就是用户如何在社交媒体平台上展现自己的最明确的表现。但是这和心理学有什么关系呢？一项2011年的研究表明，浏览自己的脸书资料会提升自信心。因此，社交媒体平台能让我们自我感觉良好。

3. 社交货币：当你因在社交媒体上发布了某事而得到了人们的积极反馈时，你难道没有立刻感到上头过吗？社交媒体提供了一种便利的方法，为社会性动物的我们验证了所有的幻想。当你发了帖，而这个帖子在你的社交媒体交际圈内引起了很大反响，你不觉得你能影响世界吗？这就增加了我们所说的社交货币。

4.互惠性：我已经在影响力法则那一章讨论过互惠性法则。互惠性法则是恰尔迪尼（Cialdini）的六大影响力法则之一。它自带认知偏差，在我们使用社交媒体时能发挥一定作用。据《今日心理学》（*Psychology Today*）的研究称，从照片墙和脸书等社交媒体上获得点赞能够增进我们的社会关系，而两者是相辅相成的关系。参与朋友的发帖能让他们觉得我们更感同身受，反过来也会使他们更有可能做出回馈。互惠循环能加深你的社会关系。

5. 增强/共享现实：点赞不是你在社交媒体上与人互动的唯一方法。你评论朋友发布的内容和新故事有助于塑造你对周遭世界的感知。杰拉德·埃希特霍夫（Gerald Echterhoff）、E. 托里·希金斯（E. Tory Higgins）和史蒂芬·格罗尔（Stephen Groll）在2005年的一项研究发现，我们的朋友和社交媒体交际圈添加在他们的故事里的内容会直接影响我们对体验的感知。概括来说，我们在社交媒体上做出的评论加上我们读到的来自自己朋友和朋友的朋友的评论实际上会改变我们看待世界的方法。他们帮助我们形成了共享现实。

6. 镜中自我效应：网络中的自我展示会影响青少年自我意象的发展。赵善阳（Shanyang Zhao）研究员的一项研究调查了青少年在网上的互动和在现实世界中的互动有何不同。该研究发现，他们在网络世界里对自己的描述对他们的自我塑造和自我意象有重要作用。即便他们在互联网上展现自己的方式与现实当中有差异，但长此以往，这些行为模式也会塑造他们在现实中的个性。

7. 社会比较：社交媒体使我们趋之若鹜的最首要的一个原因是社会比较。曾经有一项研究调查了社交媒体如何影响人们与他人做对比。有趣的是，研究结果显示，在受到言论批评之前浏览过自己社交媒体资料的人比没浏览过的人要更容易应对负面反馈。人们对自己要比对亲友严苛得多。社交媒体也许能帮助他们减轻严厉的自我批评。

通过社交媒体创立品牌

创立品牌时，你是应当率先考虑消费者的人物特点，还是应该以公司的特点为主？这个问题没有特定的答案，因为两者同样重要。作为公司创始人，你应该问的两个问题是你的品牌是什么，以及消费者在脸书、推特和照片墙上关注你时对你的期待是什么。

如果你做不到忠于你的品牌的个性，那么活跃在社交媒体上会弊大于利。比如，一些商对客（B2C）公司会在社交媒体上保持一种非正式的、俏皮诙谐的语气，而商对商（B2B）公司大概率会维持正式的语气。

理解品牌个性的最佳方法是想象消费者会用什么样的人类特性描述你的品牌，比如富有想象的、朝气蓬勃的、运动的、成功的、有造诣的、有影响力的等。

社交媒体文案能够极大地帮助树立对品牌的感知。

例如，红牛能量饮料公司的品牌个性就是年轻和勇于冒险。

红牛在其社交媒体文案中有许多内容包含极限运动和大胆的活动，比如和鲨鱼一起游泳以及高空跳伞等。这里重要的一点是红牛的社交媒体内容并不是关于他们的“能量饮料”产品，而是关于品牌个性。许多自身个性与该品牌个性相符的用户会对其感同身受。

社交媒体内容很重要！

标题

你发表在社交媒体上的标题和帖子本身一样重要。说服性写作规则同样也适用于社交媒体。你在社交媒体上的写作基调和你传递的信息本身一样重要。为了了解公司之间的社交媒体语言会有何差异，我们来看看高端汽车公司劳斯莱斯（Rolls Royce）的案例（见图11.1）。该公司的大部分社交媒体内容都在讲述拥有一辆独一无二的车的独占性，这会吸引该公司自认为独特而奢华的消费者们。

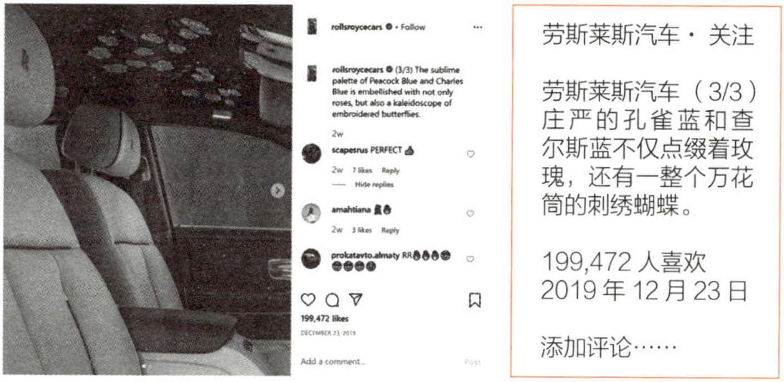

图 11.1　劳斯莱斯照片墙账户上的一则发帖

标题的语言既高高在上又志存高远，这两种特性特征与劳斯莱斯品牌极为相符。

品牌行动

你在社交媒体上的行为可能和很多事情有关，包括你回应消费者的方式以及你选择共享的信息等。比如，一家公司可能会鼓励其消费者投身慈善活动或其他社会活动。有句话说得好，光有想法的品牌是无法生存的。现今的许多公司都十分重视公司的社会责任。为社会带来积极变化十分重要。随着人们对社会事业的认知越来越高，Z世代和千禧年代的人开始偏好社会福利事业。这些世代的人们更倾向于参与此类倡议，从而成长为国家负责任的公民。

下图11.2明确展示了积极贡献社会的重要性。

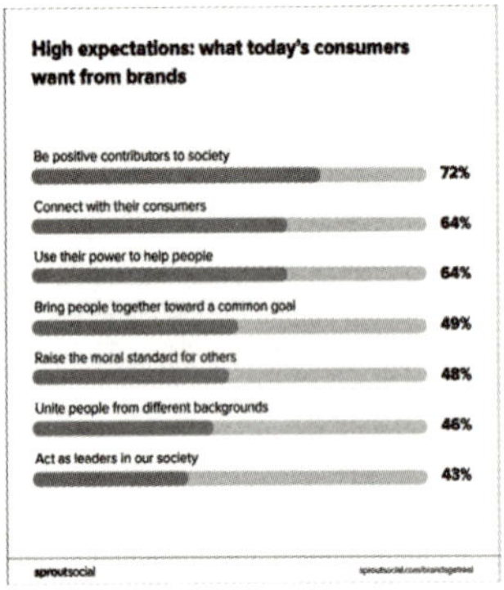

高期许：当今消费者想要品牌做什么

做社会的积极贡献者	72%
与消费者保持联系	64%
利用自己的能量帮助他人	64%
用一个共同目标团结人们	49%
提高他人的道德标准	48%
团结不同背景的人	46%
像我们社会的领导者一样行动	43%

图 11.2　消费者对品牌的期许

有句话叫“力量越大，责任越大”。类似谷歌这样的公司会以身作则，不会逃避责任。例如，他们发明了一项科技，能使他们的资料中心比其他类似的公司减少50%的能耗。

下图11.3展示了谷歌如何成功把技术与社会责任相结合。他们不仅创造了解决方法，还毫不避讳地在他们的社交媒体平台上发布出来，以提升大众的意识。

谷歌　当机器学习遇到非洲农业

"如果我们不立即行动，很多人将面临饥饿的风险。" @纳西里尼·西拉吉（Nazirini Siraji）和一群开发者正在使用#机器学习来抵御草地贪夜蛾（Fall Armyworm）的侵袭。草地贪夜蛾这种富有侵略性的农作物害虫威胁着#乌干达农民的生计。点击图标观看她如何自学#TensorFlow技术来助力她的社区。

图11.3　谷歌照片墙账号的一个帖子的截图

利用社交媒体中的人类心理学

情绪，尤其在社交媒体上的情绪非常富有感染力。情绪最强烈的帖子会以野火燎原之势传播，这可以是好事也可以很糟糕。加利福尼亚大学圣地亚哥医学院（University of California San Diego School of Medicine）开展了最大规模之一的社交媒体研究，检验了脸书上10亿个帖子中的情绪内容。该研究表明，脸书用户的情绪直接受诸如天气等一些无关痛痒的事的影响。据该研究称，如果某地正在下雨，该地区的脸书用户表达出的情绪也会影响其他地区的用户。简言之，情绪能够传染。那么你该如何将这个信息应用到你的营销战略中呢？首先，你的社交媒体帖子要保持积极的基调，因为积极情绪更容易传播。另一点是尽快处理负面评论。处理社交媒体上的投诉的一个良方是记住它，如果处理得当，每个负面评论就是你扭转乾坤的一次机会。

在回应负面评论时，品牌商们必须避免出现保守和消极的态度，哪怕消费者的评论非常负面。

个人资料照片的重要性

无论你是一家大公司的持有者还是小型企业主，抑或是企业家，你为自己选择的个人资料照片都应该经过慎重思量。有时候，用你的品牌或公司的商标作为个人资料照片并不是正确的选择。

《心理科学》曾发表一项研究称，社交媒体用户会在看见个人资料照片后的40毫秒之内便得出对照片的结论。

该结论基于一个事实，即消费者对照片的观点会因照片中人物神情的细微变化而变化。因此，参与者对特定照片的观点会随照片中人物神情的细小改变而改变。例如，你在不同的社交媒体资料中的神情会产生很大影响。一个叫“社交挑战”的社会趋势在2020年年初极为盛行。它是四张照片组成的蒙太奇拼贴，每张照片有潜力分别成为脸书、领英、照片墙，以及Tinder这四个社交媒体网站的资料照片。领英需要少一点或者没有笑容的更职业的外表，而适合家庭的脸书则讲究灿烂的笑容和平易近人。使用照片墙时，人们期待看到你美观的造型，而Tinder上的照片则必须具有社会吸引力，能够吸引他人，这对你的社交媒体资料意味着什么？你可能需要根据你的业务来考虑使用个人照片。例如，经营咨询公司的人使用他/她自己的照片可能会比使用公司商标的效果要更好。这种个性化的举措能产生很大区别。正在寻找顾问的人有兴趣去了解与自己合作的人。假如你不确定哪张资料照片能达到你的目标效果，你总是能够用A/B对比的方法去挑选。

社会反馈的重要性

先前我曾谈到人类如何希望被接纳，以及他们如何确保自己的归属感不会受到威胁。基于类似的理由，社交媒体用户同样也喜欢馈赠和得到反馈。昆士兰大学心理学院（University of Queensland School of Psychology）的史蒂芬妮·托宾（Stephanie Tobin）博士的一项研究结果表明，积极使用社交媒体的人有强烈的联系感。在该项研究中，学者们研究了社交媒体互动对人们的影响。半数的参与者被要求保持活跃，而另一半则要求相反。研究的最后，没有在社交媒体上互动长达两天的人其心理健康受到了负面影响。该研究还表明，得不到反馈的人对社会的归属感较低，自信心相比那些帖子收到反馈的人也较低。

该研究告诉我们，使用社交媒体的人渴望得到回应和反馈。因此，一方面回应批评合情合理，另一方面感谢消费者的评论也是个不错的做法。你也可以花时间参加相关的对话，提供意见并增添价值或乐趣，只要你的处理方式与你的品牌个性相吻合就行。

社交媒体帖子的情绪诱因

2011年，沃顿商学院（Wharton School）的乔纳·伯杰（Jonah Berger）研究了情绪反应和社交分享之间的联系。他所验证的理论是，情绪的高涨会激活神经系统使其亢奋。分享令我们情绪高涨的来源的这一举动能够使我们从那种状态中得到释放，获得某种了结。你在社交媒体帖子上发的内容需要带有感情色彩。如果你能让你的消费者激情澎湃，那么他们会有更大概率去分享你的内容。你能发现，对任何想要自己的内容被广为传播分享的公司而言，分享能够激起积极情绪的内容都是个好主意。比如，德芙开展了一个叫“真正的美”的社会活动。它重点强调人应当拥抱自己的不完美，不要沉溺在拥有完美脸蛋或身材的想法中不可自拔。该活动由“真正的美”这几个字作为心理诱因，在情绪层面与消费者产生了共鸣。以下是德芙的一则社交媒体广告文案：

难怪我们对美的感知如此扭曲。

来参加德芙为女孩举办的“真正的美”研讨会。

禀赋效应

禀赋效应（endowment effect）是一种认知偏差，它导致人们赋予自己已经拥有的物品（相比自己还未获得的物品）更高的价值。基本上，所有权观念会使人对自己的所有物做出更高的价值评估。

由丹·艾瑞里和齐夫·卡蒙（Ziv Carmon）在2000年开展的一项研究阐明了一旦所有权确立后人对物品的价值审视会有多大的变动。该研究以杜克大学篮球门票的抽奖系统为研习对象。抽奖结束后，问没有收到门票的人最多愿意出多少价格购买门票，得到的平均价格为170美元。相反，问得到门票的人别人出多少钱他们才会愿意放弃自己的门票，得到的平均价格为2400美元，高出了14倍有余。作为全球盈利最多的零售商店，苹果就利用了所有权的心理来为自己获得优势。吸引潜在消费者的办法之一就是让他们在苹果实体店里不限时间地使用苹果产品，这会激发拥有感，能够提升商店的购买率。

从众行为

人类有着渴望合群和遵从社会标准的深层需求。想要站出来对抗同龄人压力谈何容易。所罗门·阿施（Solomon Asch）通过对学生进行事实资讯考试，对该现象进行了研究。演员混在学生里负责给出错误答案。结果，即使知道正确答案的学生为了融入同龄人也对错误答案表示认同。另一项2012年关于从众行为和社交媒体的研究发现，从众的需求能直接影响消费者的购买决定。

怎样利用从众行为去支撑你的社交媒体营销工作呢？一个方法是让主要的网红和行业领袖在社交媒体上分享关于你的产品的信息。也可以鼓励评论，让你的关注者来分享他们使用产品时的故事，这也是鼓励他人购买的一种方法。

重复曝光效应

重复曝光效应（mere exposure effect）是一种认知偏差，指人们更容易对自己频繁接触的事物抱有正面态度。概括来说，熟悉产生好感。重复曝光效应是一种强大的工具，能帮助市场营销者获得竞争优势。如果你在社交媒体上转发你的产品和服务，由于重复曝光效应，这样做会有助于在用户脑海中树立积极的看法。当然你不该做得过火，但是用润物细无声的方法来分享信息从长期来看是有所裨益的。例如，好莱坞巨星“巨石”道恩·强森（Dwayne “the Rock” Johnson）就运用了重复曝光效应在他的照片墙昵称里晒自己的龙舌兰酒品牌“大地”（Teremana）龙舌兰。

接近效应

与重复曝光效应相关的另一个心理学原则是接近效应（propinquity effect）。学者利昂·费斯廷格（Leon Festinger）、库尔特·巴克（Kurt Back）和斯坦利·沙赫特（Stanley Schachter）早在1950年就对该现象做了研究。他们对一群生活在小公寓的人们进行观察，发现居住的远近是预测该群体的人是否能成为朋友的最佳指标。这一效应不仅适用于建立关系，对市场营销也同样有效。它是指与你的消费者在物质或者心理上保持接近。随着数字化的发展，把这种效应付诸实践变得非常方便。运用接近效应的一种方法是通过你的社交媒体进行营销。最好的办法就是在社交媒体上保持活跃。当消费者和潜在消费者习惯了在他们的资讯中看到你的帖子，他们就会对你以及你的产品和服务感到更亲近。如果潜在消费者在照片墙、脸书甚至缤趣上都接触到了你的品牌，那么他们会因接触更多而更容易建立起对你的品牌的信任。

缓冲效应

没人喜欢感到紧张焦虑或忧心忡忡。减轻这些有害情绪影响的一种办法是建立良好的支持体系。事实上，拥有积极的支持体系的人比没有的人压力更小。换句话说，获得社会支持能提高社会幸福感和精神健康。这种心理现象被称为缓冲效应（buffer effect）。

人们在社交媒体上关注自己最爱的公司和品牌，其中一个原因是万一自己需要任何帮助或客户支持时能有一个联系他们的便捷方式。确保管理好你的社交媒体页面，并快速回应消费者的问题和投诉。相比感觉被忽视的消费者，感觉受到关照的消费者更容易满足。

讲故事

人类天生就爱听故事。我们花这么多时间在科幻和叙事性纪实文学上是有原因的。阅读和观看故事帮助我们了解周围的世界，而这一点在社交媒体上也不例外。

2008年，纽约大学（New York University）的雷蒙德·马尔

(Raymond Mar)和基思·奥克利(Keith Oakley)研究了故事对人类大脑的影响。研究发现,阅读故事能创造出模拟的社会经验以帮助参与者更好地处理现实中的社会情境。故事也能使参与者更能与他人共情。

如何运用人类对故事的这种微妙倾向来有效地在社交媒体上做营销呢?从分享关于你的公司的故事开始,包括领袖和员工的传记或者讲述产品的研发故事等。其他的选项包括鼓励消费者分享他们的故事并对其进行转载。来自消费者的证言或案例研究可以成为一种妙方,既结合了讲故事,又传递出关于你的产品或服务的积极消息。

没有哪一家公司能够忽略社交媒体作为营销产品或一种服务渠道的力量。然而令人惊讶的是,许多商家并未能最大限度地利用社交媒体。人们希望与自己最爱的公司或品牌建立联结,如果你不给消费者与你联结的机会,那么你正在错失一个绝佳的机会。就像其他任何形式的电子营销一样,心理学在社交媒体营销中也同样扮演着重要角色。这不仅仅是偶尔发布一些关于你的产品或服务的消息。人们并不期望从他们关注的公司的社交媒体上看到宣传营销。他们希望看到的是共鸣、参与,以及价值。当你了解了自己的消费者是谁,以及他们使用社交媒体的方法和原因,你就能更好地分享为他们带来欢乐和参与感的内容。

第十二章

设计完美网站

最初的印象就是最终的印象。这种说法在大多数情况下都是正确的，网页设计也不例外。这和你的产品或服务的好坏无关，如果人们不喜欢你的网页设计，他们就不会信任你，而且很可能会立刻离去。

大多数情况下，消费者在购买任何产品或服务之前都会去公司的网站查看一番。一个设计糟糕的网页会在消费者下单之前就吓退他们。当然，网页设计并不是件容易的事，它有自己复杂的细节。你的网页的每个元素都很重要。从色彩的布局到字体，每个元素都会对消费者的心理产生影响。

有一项研究发现有高达94%的参与者因为某个网站糟糕的网页设计而对其不信任。想想这对你的生意意味着什么。你的网站设计应该照顾到消费者的心理，否则你可能会蒙受金钱的损失。

心理学在网页设计里的作用

假设你考虑和某人共同做生意，结果他/她在开会时衣衫褴楼。你依然会想和这个人做生意吗？很有可能答案是不！这是为何？因为事物的呈现方法会影响我们对它的感知。网页设计就是这个道理。你的内容再好也没用，如果字体太小无法阅读或者你的配色方案令人头晕目眩，那么人们就不会严肃对待你的内容。那么你怎样才能找到最佳设计令消费者对你感到信任并心甘情愿掏出信用卡呢？这里心理学就起到了重要作用。

是不是漂亮的网站就总能成功

设计并不在于漂亮，而在于能转化什么。拥有一个漂亮的网站和拥有一个能转化的网站是有区别的。关键总是在于什么能大卖。每个能转化的网站都漂亮，但反过来却并非如此。即使网站里那个惹人烦的向你要电子邮箱订阅的弹窗都有助于转化，这就是大家的网站都有弹窗的原因。没错，审美固然重要，但是当你在决定设计时，唯一重要的还是转化的内容。数字时代中有两种网站，针对以下两种持不同诉求的买家：

1. 第一种，聚焦“立即下单”的买家。他们期待你直观地、迅速地说明你的网站能为他们提供的东西，否则他们马上就会离开，因为现在的人越来越没耐心，不想投入太多时间。例如，新西兰的名为“红酒NZ”（wineNZ）的红酒销售网站所出售的物品从网页加载的那一刻就显而易见。网站的登录页面就展示了他们不同的产品，你可以点击酒瓶的图像并从网站的主页直接购买。

2. 第二种，关注“搜寻信息”的买家。一些网站不仅给我们提供产品和服务，还提供相关的全方位的信息。淡水鱼垂钓网gofishink.co.uk在这方面做得很出色。它的登录页面内含很多信息，还带有其他博客文章的链接。这种网站对那些在决定购买产品之前会找寻信息的买家而言很有意义。

因此，认清买家的诉求十分关键。你针对的是“立即下单”的买家，还是寻求信息爱好钻研的买家？

网站的设计层级

在创建网站时，某些方面必须优先于其他方面得到解决。设计网站包含以下多个方面：

1. **功能性**：顾名思义，功能性是指消费者能够轻松有效地使用你的网站。比如，如果你拥有一家网店，消费者应当能够毫不费力地买到产品，这就是为何亚马逊在其手机应用软件中拥有“滑动下单”的功能，消费者只需轻轻一划就能下单，从而为消费者节省许多时间。

2. 可靠性：一旦你的网站运转起来，你接着就该确保网站对消费者而言安全可靠。比如，如果你的电商网站总是因为服务器故障而崩溃，那么消费者会马上跳去你的竞争对手的网站。网站的性能需要保持稳定。

3. 易用性：你的网站既能运作也可靠，但是否好用呢？互联网用户都是一群没有耐心的人，如果他们不能即刻明白如何使用你的网站，那么他们很快就会转移到其他事物上。要确保你的网站不会麻烦得像一个迷宫。如果人们不得不花时间去搞清在你的网站上如何才能把物品加入他们的购物车，那么他们大概率是不会开心的。如果网站的目录十分复杂，使得消费者难以找到心仪的产品，或者如果在结账的时候没有清晰的错误提示，那就会产生问题。

4. 熟练程度：只有在你的网站正常运转，可以信赖并简单易用之后，你才应该开始考虑增加其他的功能。比如，网店中的“为你推荐”虽不是必须功能但也受到欢迎，因为该功能可以方便消费者找到可能有兴趣购买的产品。

5. 创造性：一旦其他所有的设计都得到满足后，你就能释放你的创意了。可靠、有魅力，并增添了创新属性的设计能够帮助你的网站脱颖而出。

设计的需求层级为我们提供了构思网页设计的框架。

网站的最佳布局

你的网站布局是你构建网站其他功能的基础。搞好这一点十分重要，因为如果你的基础不牢，那么审美细节就变得无关紧要了。因此，在构思网站布局时你应当牢记些什么呢？

F型模式

擅长用户体验的尼尔森·诺曼团队（Nielsen Norman Group）记录了几百位参与者查看网页的方式。他们发现，无论网站是何种类型，用户的阅读模式都相对一致。

最普遍的眼球移动模式类似字母“F”，内含三大部分：

· 用户的眼球开始运动时，通常会先横扫内容区的上沿，形成字母“F”的顶部一横。

· 接着，他们的眼睛往下看，做第二次横向运动。通常第二次会比第一次短，形成字母“F”的下面一横。

· 最后，他们扫视网站内容的左边，形成字母“F”的一竖，见

图12.1。

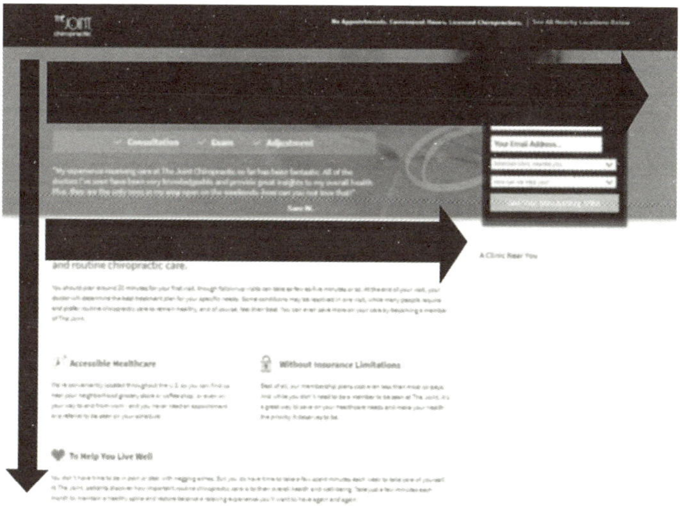

图 12.1　网站的 F 型阅读模式

如果想要提升转化率，你就要牢记这个F型，确保把网页最重要的内容放在最容易被注意到的地方。

左上角

当人们登录你的网站，他们最先看的是什么？他们的眼睛路线始于左上角。为什么？因为人们习惯从左到右阅读，所以我们任何事情总是从左上角开始。

知道他们的第一眼后，你希望他们最先看到什么？当访客登录你的网站，你必须明确说明你的产品和服务为何对他们而言富有价值，这意味着网站的左上角应当放置你的价值主张，这就是公司通常把自己的商标和标语放在那儿的原因。

顶部菜单

一旦人们看完了标语和商标，他们的眼睛就会开始横扫页面。你的主导航菜单就应该设置在那里。尽量避免下拉菜单。尼尔森·诺曼团队的另一项研究表明，用户觉得下拉菜单很烦人，觉得它是个不必要的累赘。另外，下拉菜单也意味着你不能很好地控制用户在你网站里的移动方式，可能会导致他们跳过重要页面。

还有另一个值得一提的事情是，不要用你菜单上的一大堆选项让用户招架不住，这样会使他们感到困惑。尝试着让你的主菜单不超过五个选项。

左侧边栏

尼尔森·诺曼团队还有另一项研究表明，网络用户花费69%的时间来查看页面的左侧，而只有31%的时间在查看右侧。这意味着你应该试着把想让用户看见的元素都放在页面的左侧。把文本放在右侧会减少被阅读的概率。博客帖子的开始段落应该比其他部分要更引人注意。做到这一点的一种办法是加粗开始段落，或者设置成斜体。在开始段落加入照片总会锦上添花。

正文文本

你应该使正文文本便于浏览，因为这就是多数人阅读网络文本的方式，这意味着段落要简短、页面需要有足够的白边，且应该用小标题分割文本。

晕轮效应

还有很重要的一点需要明白，即图像能够提升你的声明的感知效度。在你的文本中使用照片、视频，以及信息图等，会有助于打开局面，令文本更通俗易懂、引人入胜。

在为你的网站选择图像时，你应当谨记晕轮效应（the halo effect）。你觉得人们为什么倾向于认为富有魅力的人更能干、更善良、更可信呢？魅力四射的人能够在你的产品和服务上洒下“晕轮”，使你出售的东西更令人向往。有一种极富性别歧视但十分普遍的做法是，公司会在他们的广告中让魅力四射的女性出镜来引诱男性，尤其是引诱他们购买类似汽车等贵重物品。因此，你可以通过在网站上使用富有魅力的人的照片来提升你的转化率。

在网页上放置条目

有一种叫“系列位置效应”（serial position effect）的现象能够切实帮助我们深挖有关网站的内容放置的影响。

德国心理学家赫尔曼·埃宾豪斯（Hermann Ebbinghaus）在一本名为《记忆：对实验心理学的一大贡献》（*Memory: A Contribution to Experimental Psychology*）的书中开展了一项研究，其结果表明，条目在清单中的位置与大脑的回忆直接相关。“系列位置”效应通常会以下列两种心理效应相结合：

1. 首因效应（primary effect）：首因效应是一种认知偏差，会导致主体对处于系列或内容中先呈现的信息的回忆比后呈现的信息要更准确。

2. 近因效应（pecency effect）：近因效应是一种认知偏差，会导致主体对最近呈现的信息的回忆最为准确。

首因效应和近因效应似乎两相对立，但是当你把两者结合在一起时，人们对最初和最后所呈现的信息的回忆最为准确。那么如何把这一点运用到网站的设计上呢？

系列位置效应给我们提供了为网站撰写内容的一个总体方法。人们并没有你想象中的那么爱拉滚动条。因此，网站未被折叠的部分，换句话说，即网站上用户不用拉滚动条就能看见的部分才最受瞩目，这意味着你需要将最重要的信息（比如商标、价值主张，以及邮件确认等）放在未折叠的地方。有趣的是，你也可以将这些元素放在网站的最下方，因为用户通常会在离开页面之前把滚动条拉到最底部。让人惊讶的是，大多数情况下，处在中间的东西都会被忽略，因为用户会直接划到网页的最底部。

色彩心理学

色彩心理学至关重要，但是在设计网站时最容易被忽视。色彩的组合能够极大地影响网站的收入。

例如，当微软在设计他们的搜索引擎“必应”（Bing）时，他们尝试了许多种色彩，最后定下了一种特殊的蓝色，因为该颜色获得了最高的点击量。选择蓝色会带来多大的影响呢？至少价值8000万美元。我们能从中学到的是，对色彩的讲究是有回报的。毕竟，你呈现品牌的方式就是用户去感知它的方式。

当你深挖网页设计时，会有以下四大内容需要解决：

1. **色彩的恰当性**：保罗·博顿利（Paul Bottomley）和约翰·道尔（John Doyle）曾有一项研究表明，当为你的品牌选择色彩时，色彩是否恰当极为关键。比如，功能性产品与被称为功能性色彩的颜色相呼应。功能性色彩与特定的行业紧密相连，譬如绿色与农业和环境相关。另一方面，与非功能性产品最匹配的是能传递社会地位或奢华的色彩，而非功能性的色彩。这方面的一个典型例子是蒂芙尼蓝（Tiffany Blue），珠宝巨头蒂芙尼公司在其盒子和袋子上使用的一种颜色。

因此，你的网站使用的配色方案与你特定的业务是否恰当非常重要。

2. 色彩的解读：不同的色彩在不同的文化中有不同的含义。例如，红色在中国寓意着好运，而在南非却代表死亡和悼念。因此在确定网站和商标的配色方案时，了解不同文化至关重要。掌握对色彩的解读会有助于你为自己的产品或服务确立在特定的地理位置内的最佳配色方案。

3. 色彩的性别偏好：2003年，乔·哈洛克（Joe Hallock）研究了不同性别对色彩的偏好。虽然差异并不大，但依旧适用。例如，蓝色也是最受女性欢迎的颜色。而女性第二喜欢的紫色却并不受男性欢迎。我们能见到的一个实际应用是，标注男孩女孩通用的玩具其颜色都严重偏向男孩。因此，当你在为自己的网站寻找合适的配色时，要牢记你的消费者的性别。

4. 选择正确的配色方案：网站设计的关键不在于让人记住某事，而在于让他们点击。你一定想要你的号召行动的元素——链接、按钮、横幅等——能够从网站的其他元素中脱颖而出。

但是，问题在于“这些色彩如何协调工作形成配色方案呢？”

我们有多种方法能够对色彩进行融合，使它们相辅相成。

1. 冷暖配色方案： 在色环中，黄色、橙色和红色在暖色区，而蓝色、绿色和紫色在冷色区。这两类色彩代表不同的情绪。暖色使用户联想到热量或夏日，而冷色则大致使用户联想到晴朗的蓝天或寒冷的天气。冷色和暖色还极大地影响着我们对室内设计的感知。暖色令房间显得舒适惬意，而冷色给人一种洁净感，使房间显得更为宽敞。网站设计也一样，我们需要合适的冷暖色组合与网页形成互补。

2. 直接和谐： 该配色方案包含在色环上处于相反位置的两种色彩，如蓝色和橙色、绿色和紫色。直接和谐的最广泛的一种应用是在漫威（Marvel）漫画的超级英雄绿巨人浩克（Hulk）的服装上。他穿紫色裤子是因为绿色和紫色在色环上处于相反位置，因此两者相辅相成。

3. 三分色配色： 该配色方案由色环上等边三角形所指的三种色彩组成，如紫色、黄色和蓝色。在三分色的配色方案中，你一定要确保两种暖色加一种冷色或者两种冷色加一种暖色。

和谐的三分色能够让设计显得多姿多彩。但是这种配色方案会变得十分复杂，因为三种颜色都需要仔细平衡。可以先选一种原色，然后从其他两种色彩中选二次色。

4. 类比色和谐： 该配色方案由三种相邻的色彩组成，如黄色、绿色和蓝色。《功夫熊猫》（*Kung Fu Panda*）海报上的红、橙、黄色完美地诠释了这种和谐。红、橙、黄在色环上处于相邻位置。《功夫熊猫》海报上的所有这些暖色给人一种兴奋感。

5. 矩形色彩和谐：顾名思义，该配色方案包含在色环上组成菱形的四种色彩，也可以被视作使用两组互补色。当你的网页上有多种元素都需要脱颖而出时，这种配色方案堪称完美。

所有这些例子都显示出为你的网站选择正确的色彩组合有多么重要。如果你选的颜色让消费者在情绪层面无法理解，那么在他们有机会去评估你的产品或服务之前，你就可能会面临被他们疏远的风险。

字体排版

排版是指安排网站内容使其引人入胜和容易读懂的技巧。没有任何一家有网站的公司胆敢忽略它。你能想象一家公司的执行总裁在商业文件上使用Comic Sans字体吗？是不是很好笑？他/她的客户想要看到专业而保守的字体。不同字体会诱发个体的不同情绪。因此，你必须确保使用适合自己业务的正确字体。

一家名为“公司文件夹”（Company Folders）的网上打印

公司做了一项有关字体心理学的研究。结果表明，如果你希望自己的网站看似严肃权威，那么你应该用Serif字体系列，包括Times New Roman、Bodini、Garamond、Baskerville等。避免使用那些搞笑的字体。

Sans Serif 字体系列对几乎所有网站来说都是一个很好的选择，因为它看起来干净、现代，而且很普遍。这类字体包括Arial、Calibri、Century Gothic等。

对于想要制造一种有趣且有年轻感的商家，Slab Serif 字体会是正确的选择。

在讨论排版时，字体大小和字体种类一样重要。12号字体可能对纸质书来说很完美，但用在博文上就可能是灾难。没人会想在浏览网站时劳损自己的眼睛。经验法则是至少使用14号字体。

当你选择一种与你想要投射给消费者的印象相匹配的字体时，你是在默默宽慰他们说你会实现自己的承诺。确保使用的字体能正确传递出你想传递的信息，并且字体要足够大，便于在屏幕上阅读。

指向性提示

指向性提示是指那些能够促使访客做出你希望他们做出的

举动的显性元素。有两种指向性提示：

1. **明确提示**：明确提示是可行的方向标，用以引导用户看到你想他们看到的东西（比如箭头、线等）。

2. **隐性提示**：隐性提示比明确提示更不易察觉。他们利用图像引导用户（比如某人看向你的“行动号召”按钮的照片）。

指向性提示，尤其是像箭头这样的明确提示，也许看起来很俗套，但它们被频繁使用，因为它们有用。指向性提示有很多种使用方法。你可以使用一个直截了当的箭头把人们引向你的“加入”表格，或者你可以尝试像下图12.2这样的有些创新的方法。

图 12.2　一个网站使用的隐性提示

无论你决定如何贯彻指向性提示，人们都难以抵挡它们。如果你能够明智地对其加以运用，你就能提升转化率。

需避免的设计错误

既然你已经了解了网页设计的基本概念以及如何能够利用它去影响你的消费者，那么接下来让我们探讨一些常见的设计错误。

1. **杂乱无章的布局**：有很多花里胡哨的东西可供使用在网站里。当你开始设计，你可能会面临诱惑，想把每个你能找到的小程序和插件都加进来，连同社交媒体的转载、关注按钮以及广告等。抵制住这种诱惑。大多数互联网用户不喜欢杂乱无章的布局。页面上信息太多会让你的消费者招架不住。当你在页面上放了太多的设计元素，真正重要的东西，比如你的行动号召，就得不到应有的重视。你的转化率就会下降，而这是你最不想看到的。

解决方法就是坚持简洁的设计。一个网页上留足空白，加上美丽而相关的图片、简洁易懂的内容、合适的字体和色彩，以及直观的导航，这对到访的消费者而言就是赏心悦目的。每次当你有想在网站中加入新的设计元素的冲动时，先停下来问问自己是否真的需要它。

2. **令人困惑的导航**：任何在网上冲过浪的人都遇到过难以

导航的网站。例如，一个网站的菜单放在像页面底部这样不寻常的地方。其他令人困惑的设计元素包括链接没有高亮，或者搜索选项被隐藏，等等。

你的访客不应该花费他们宝贵的时间去弄明白你的网站是如何运作的。大多数网站使用的是同样的标准导航模板——主菜单在顶部，容易识别的高亮链接，一个容易找到的搜索选项（通常在界面的右上角）。

3. 低对比度的字体：假如你在浅色背景上使用浅色字体，在深色背景上使用深色字体，你可以很确信没人会阅读你的内容。读低对比度的东西会劳损用户的眼睛，因此你不希望给别人一个离开你网站的理由。记住永远要使用高对比度的字体——深色背景配浅色字体，或者浅色背景配深色字体。绿色背景下衬白色字体可能适合像《黑客帝国》（*Matrix*）这样的电影海报（见图12.3），但是在电脑屏幕或手机上就会让你的文字完全没法观看。

图 12.3 电影《黑客帝国》的数字海报

4. 大堆的文字：另一种人们常犯的错误是在他们的页面上有大堆的文字。空白很重要。如果你的博客全是满满的文字墙，你可以很确定没人会读它们。那么你该怎么做？

大多数人不会细读网上的内容，只会浏览——你也应该遵循这个趋势。把你的文字用副标题和图像来断开，让你的段落保持在最多三行到四行，这会增加人们看内容的概率。

5. 太多的行动号召：你是否听过"选择的悖论"？人们拥有的选择越多，就越会感到难以招架，于是就越有可能干脆什么都不做。如果你用行动号召对你的用户进行狂轰滥炸，他们可能会不明白该先看什么才好。你的网站的每一页都应该有一个目标。比如，如果你的重中之重是建立邮箱列表，那么就确保你的"加入"方框容易被看见。如果你的内容很长，合理的做法也许是在页面的多处设置同一个行动号召按钮便于人们填写你的表格。你可以开展测试来决定是否需要在页面上重复设置行动号召按钮。

因此，关于网页设计你需要记住的最重要的一点是，你的网站的每一个元素，从字体到布局，都会对转化率造成影响。哪怕只是其中一个元素使用不当，也会使潜在的消费者离开你的页面。只要你选对了适合你的行业和产品的色彩，找到能加深消费者所寻求的属性的字体，以及直观和便于导航的布局，那么你的设计就能完美地实现目标。

第十三章

说服性写作的力量

任何为了业务而做的文章本质上都应是说服性的。无论你是在想博文的标题，还是在给客户发邮件，或者是在社交媒体上发布内容，这些的最终目标都是说服读者采取某些行动。

你的一些写作可能是想说服看见你的广告的人去点击它并访问你的网站。当潜在客户访问你的网站，出现在网站上的文字意在让他们尽快点击行动号召按钮。你在博客上撰写文章或在社交媒体上发文可能是为了建立你的口碑或为你的客户提供宝贵信息。无论特定的目的是什么，总体的目标还是说服。人们一直都在说服。当政客发表演讲或当你在电视上看到商业广告时，你听到的词都具有说服性。人类的大脑对说服没有抵抗力，但是写说服性文章时你需要掌握那些能够帮助你绕过大脑防御机制的事情。我这里指的是认知偏差和理性化——所有那些告诉你的潜在客户他们不应该聘请你的公司或购买你的产品的机制。

我们之前讨论的很多事情也同样适用于说服性写作。说服性写作的心理学能够被运用在任何数字内容当中，这种内容可以是你的网站、邮件，甚至是你的社交媒体。

在我们深入说服性写作的多种心理策略之前，让我们来谈谈每次提及写作都会碰到的一种盛行的错误看法。有一种错误观念认为媒介改变信息，认为是互联网不可逆地改变了消费者的购买习惯。这条信息可以忽略。虽然确实存在一些媒介特定的因素需要被纳入考量范围，但良好的说服性内容是几乎所有市场营销策略的核心所在。学好写作，你会受益匪浅。

说服性写作的小技巧

提到说服性写作，需要记住一些事。首先，你是否在强调消费者利益？你是否在帮助他们解决问题？其次，你的写作是关于你还是你的产品？你是否在夸夸其谈？最后，你是否写得通俗易懂，是否有交谈的语气？如果你研究过最成功的网络写手，那么你会注意到他们总是坚持这三条基本原则。

标题是你最好的朋友

无论你的内容出现在哪儿，人们最先看的都是你的标题。标题可以是你的网页或博文的标题、你的邮件标题，或者你在社交媒体上发表的任何东西的标题。据美国新闻学会（American

Press Institute）的一项研究表明，不管形式为何，都有近60%的人只看标题。因为标题是你说服潜在客户继续读下去的最佳机会，所以你需要确保它尽可能地有效。你该怎么做呢？让我们从标题的目标开始讲起。

标题的目标

标题的目标是说服看到它的人们采取下一步行动，无论这个行动是指打开邮件、阅读你的博文，还是拿起电话预约。标题的目标会随其出现的场合而改变，但其最终目的都是说服潜在客户信任你并雇用你。

请看这个标题“如果现在退出市场，你将来会恨你自己”。该标题最初是唐·豪霍特普曼（Don Hauptman）为一家投资时讯所写的标题。它之所以如此有效，是因为利用了人们的一种“害怕错过”的天然的恐惧。该标题可以运用在许多不同的场景。例如，企业可以说“如果现在不组成公司，你将来会恨你自己”。这个标题能奏效是因为它会让寻求信息的人们问出一个基本的问题：“为什么我将来会恨我自己？组成公司有什么好处？”就是这么简单有力。还有一个例子是：“现在你可以在30天内创建一个突破性营销计划——免费。”

这种标题奏效的原因是：它给出了明确的时间框架，而且时间很短，在短时间内给人提供巨大利益。双曲折现（Hyperbolic

discounting）是一种使人更容易接受即时奖励而不是长期收益的认知偏差，会鼓励我们去更多地了解这个广告，因为我们会幻想自己如果创造出一个绝妙的营销新计划，我们的生活仅在30天内就会有多大的改变。

免费提供是克服客户的反对和恐惧的最有效方法之一。“免费”一词让交易没有了摩擦。企业也可启用这一点。许多服务型公司会提供免费咨询来促使人们拿起电话开始预约。很多服务型公司，比如会计和律师等，会向潜在客户提供一次免费的初始咨询使他们上钩。然而，“免费”一词还有别的用法能赢得读者。比方说，你可以将其与其他词汇结合在一起，比如服务“零风险”（risk free）。克服潜在客户的损失规避是说服性写作最重要的目的之一。

现在我们已经谈论了有效标题的重要性，接下来我们谈谈可以应用在标题写作上的心理学原则，以及如何能够将其为你所用，让人们都来读你的内容。

标题心理学

无论你的业务或行业是什么，你在撰写标题时都有一些心理学的技巧可供使用，助你俘获读者的关注。

惊奇

惊奇的标题是使人继续读下去的最佳方法之一。惊奇能打破预期定式，从而引起我们的兴趣。换言之，惊奇能捕获读者的关注并使他们保持兴趣。从神经学的角度来讲，惊奇能激发大脑特定的愉悦区。我们的大脑对意料之外的愉悦比意料之中的反应更强烈，这正是为什么你的配偶在你生日时意外来访比这周末计划好的一顿晚餐带给你的感觉更特殊。

现在来谈谈如何在你的营销策略中应用惊奇。有一种方法能够把惊奇无形地融进你的标题中。它可以是简单地在你的邮件标题中使用一个出人意料的词汇。在贝拉克·奥巴马（Barrack Obama）竞选活动中，贝拉克·奥巴马发送给他的支持者的其中一封邮件写道“太他妈的好了，我喜欢奥巴马医疗法案（Obamacare）”。出乎意料的用语“他妈的”制造出了惊奇，并收获了极高的回应率。我不是建议你在数字营销活动中使用不雅词汇，但你可以考虑略微改动你的措辞来达到出人意料的效果。

消极用语

2013年，提供原生广告的第三方平台Outbrain的内容营销者调研了6.5万条标题，以研究哪些标题最能调动人心。他们发现最高级否定远比肯定的词汇更能吸引注意。事实上，使用最高级肯定的标题的效果比没有使用最高级的标题差29%，而使用最高级否定的标题的效果比没有使用最高级的标题好30%。为什么负面标题会更加有效？可能是因为我们存在一种天然的倾向会怀疑最高级肯定背后的动机，这种倾向俗称犬儒主义。但是更可能是因为我们的大脑处理正面和负面信息的方式存在差异。《个性与社会心理学》期刊（*Journal of Personality and Social Psychology*）在1998年发表的一项研究表明，人类大脑有很深的负面偏误。这意味着我们非常注重负面消息，所以负面标题比正面标题的影响更大。对负面标题的偏好也可能与生存本能有关。记住，必须先满足爬行动物脑的需求才可能有后续。负面标题和文字会诱发战斗或逃跑反应，使我们难以忽视它们。

如果你有博客，你也许想要找到方法将耐人寻味的消极词汇用在标题中，邮件的标题也同样如此。你可以先找一个肯定用词，再将其反转，比如“想要生意红火就该避免的十大错误”。

数字

我们的大脑有一种名为“数目启发式”（numerosity heuristic）的认知偏差，当遇到数字时，我们的感知是越大越好。相比小数目，我们赋予大数目更多的重要性和价值。美国网络新闻公司Buzzfeed就完美地运用了这一点（见图13.1）。

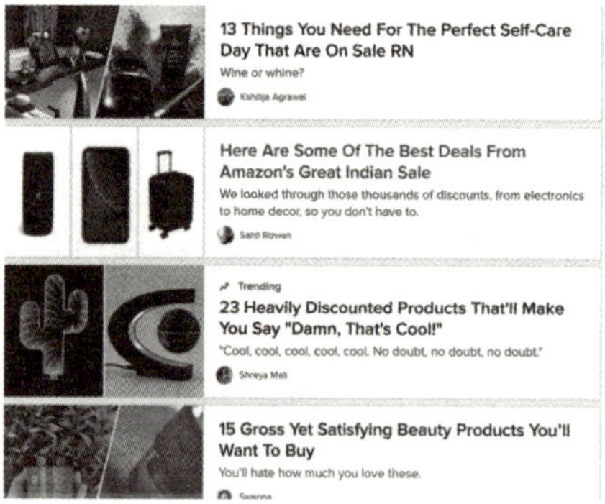

你在一个完美的自我保健日里所需的 13 样东西在打折
酒（Wine）还是哀号（Whine）？

这里有一些亚马逊印度大促中最好的折扣产品
我们翻阅了从电子产品到家装类的几千个折扣，所以你就不必这么麻烦了。

会让你说“这很酷！”的 23 件大促产品
“酷，酷，酷，酷，毫无疑问，毫无疑问，毫无疑问。”

15 样你会想买的恶心但令人满意的美妆产品
你会恨你自己有多么喜欢这些。

图 13.1 Buzzfeed 主页的截屏

看看他们的主页就会发现大多数文章都有相关的数字。为了改变你的商业策略，试着在你的电子邮件营销和博文中加入数字。比如，我之前举的例子，“如果现在不组成公司，你将来会恨你自己”可以被修改和重写为“14个立刻组成公司的理由”。此外，使用不寻常的数字也能增添惊奇的元素。“十大榜单”是相当普遍的，而“14个原因！”是意想不到的。

好奇心鸿沟

下一个能够帮助你打造说服性标题的心理原则是好奇心鸿

沟（curiosity gap）。你也许听过“好奇害死猫”这种说法，但是当我们讲到写出什么样的标题才能促使大家阅读你的内容时，好奇心也许是可取之处。首先，一个人无法对他/她完全不熟悉的话题感到好奇。有效运用好奇心的标题会提供耐人寻味的信息促使人们产生好奇心，但又不让好奇心得到满足。其次，好奇心使我们预期得到快乐。加州理工学院（Caltech）的一项研究询问了参与者一些琐事并检测他们的大脑如何对其做出响应，结果发现好奇心加剧了大脑的尾状核部分的活动，该区域与报偿期待相关。想要使好奇心鸿沟为你所用，就要尝试着从网页和邮件中找出让人感兴趣的事实，然后将其中一部分放到你的博文或邮件的标题当中，见图13.2。

警方称 14 岁女孩捅了妹妹 40 刀。背后的原因令人震惊。

图 13.2　美国有线新闻网络（CNN）突发新闻巧妙地激起了观众的好奇心并吸引他们阅读文章

明确性

为什么人们偏爱明确而非模糊呢？其中一个原因可能是，我们对不确定性有一种天然的偏见，这种现象被称为不确定性效应（ambiguity effect）。不确定性效应首先由丹尼尔·埃尔斯伯格（Daniel Ellsberg）在1961年提出，该效应表明人们倾向于选择已知特定结果的情形而非未知的可能性。这一点也许看起来和说服性写作不沾边，但是市场营销从中得到的经验是，有时候让读者明确知道应期待什么不是坏事。你如何在自己的数字营销活动中运用明确性呢？去寻找一种明确而有趣的方法来传递人们读完你的文章后将要学到的东西。我们来看看来自商业博客缓冲网（Business Blog Bufferapp）的例子："网络上一切事物的理想长度，经研究证实"。读者看到标题就能明白，这篇文章是关于网络内容的理想长度，而且并不只是个人的推荐。

提到受众

我们将要讨论的最后一个关于标题的原则是提到受众。2014年，挪威的一项研究发现，直接提到受众的标题比单纯介绍情况的标题得到的点击量更多。我来举个例子：

1. 促销：黑色iPhone7 64GB
2. 有人需要新iPhone7吗？
3. 这是你的新iPhone7吗？

我敢肯定你会认为第三个，即直接提到受众的那个选项会得到最佳响应。当谈及提到受众的标题时，还需要注意的一点是原脑的以自我为中心的特性。无论多么见多识广的受众都会问“我能在里面得到什么？”因此，能够回答该提问的标题就会成功。例如，尼尔·帕特尔（Neil Patel）的博客上写道：“这个8岁孩子一年在优兔网上能赚2600万美元，你能从中学到些什么。”

该标题结合了我们讨论过的两种技巧。它启用了数字——而且是个出人意料的数字——并且它直接提到了受众：“你能从中学到些什么。”你只需考虑如何把你的内容与你的受众结合起来，然后把受众放进你的标题中。这些技巧具有科学依据，对这些技巧的应用能够极大地影响人们感知和消化内容的方法，无论这种内容是在你的网站、邮件，还是在你的社交媒体中都同样如此。

内容营销的心理学

说服性写作的下一个元素是如何编写说服性邮件。在此之前，我们需要记住一些总体的事情。

个性化

首先要记住的是——这一点也和我们刚刚讨论过的引用受众相关——个性化的邮件某种程度上比非个性化的邮件更容易

被阅读。有多种方式可以做到邮件个性化。

1. 个性化首先也是最显而易见的方法就是使用你的订阅者的名字。政客在这方面很成功。

2. 你也可以考虑使用订阅者的购买历史或背景来个性化邮件。例如，曾经使用过你的法律服务的商业客户也许会想要雇用你来帮助他们解决另一个常见问题。你可以这样说：“我们曾经帮助您组成公司，现在让我们助您________。”

3. 其他个性化的方法包括客户的地理位置、当地天气模式以及之前的回复邮件，等等。例如，如果你知道你的邮件列表中的某人没有回复之前的询问，那么你可以说：“我们能够说什么才能说服您回复我们的问卷调查呢？”

说服性写作技巧

现在我们来谈谈你能够在邮件中运用的具体的说服性写作技巧，使你的邮件更有效且回复率更高。

1. 首先要注意的是你的写作基调。直接向读者致意的这种对话的基调比干巴巴的学术基调更有说服力。如果你感到他/她并没有在直接和你说话，那么你很难被这个人说服。记住，你是在和人说话，而不是机器。

2. 押韵效应（rhyme-as-reason effect）是一种强大的认知偏差，能够有助于说服他人。这种现象最初由学者马修·麦格隆（Matthew McGlone）在1998年提出。该效应称，押韵的句子会让人们觉得更真实确凿。比如，“灾殃团结敌人”这个标题可以稍加修改成“灾殃团结敌方”。你可以在邮件中融入这一点，在强调要点时可以来一些小押韵。人们对事实的感知深受表达方式的创造性和流畅性的影响。

3. 另一种与押韵效应紧密相关的心理策略叫作古怪效应（bizarreness effect）。该效应最先由马克·麦克丹尼尔（Mark McDaniel）和吉勒斯·爱因斯坦（Gilles Einstein）在1986年提出，指人们更容易回想起古怪或出人意料的事。你如何将这一点融入自己为博客和邮件所做的说服性文章中呢？你不想将其滥用，应当尝试着挑选出你的邮件里最重要、最想让人记住的信息，然后用出人意料的东西将其替代。例如，不写“犯错有害”，试着写“犯错能让人发癫”。

4. 无论你的客户是谁，社会认同对他们都很重要。大多数人都循规蹈矩，渴望被社会接纳。你可以在自己的说服性写作中运用这一点，比如让读者明白你的内容已经被分享了多少次，或者包含客户证言，等等。甚至一个简单的统计数字就能极大地帮助你利用好社会认同。

5. 大多数人都熟悉“逆反心理”这个词。这种心理与一种叫作抗拒的心理原则相关，是指人们通常倾向于讨厌自己的自由选择权以任何方式被阉割。该原则应当被慎重使用，这一点很重要。你也许能使用类似这样的话“我不确定你是否会相信我”或者“我很乐意试着说服你，但是我不认为我能成功”。两者的区别很微妙，因为后者逆反的对象是你，而不是客户。例如，曲奇品牌巧妙运用逆反心理的一种方法是“别买我们的无糖曲奇，我们可不想您凑巧瘦下来”。

如果运用得当，所有这些有效的原则都能成为很有效的说服性写作的工具。关键在于找到方法将其根据你特定的服务或产品进行改动。

内容布局

我最先想告诉你的是2004年的一项研究，它调查了阅读速度和阅读理解与内容的空白量之间的关系。研究发现，当没有页边空白时，阅读速度较快；但是当文字有白边时，阅读理解会更快，读者也会觉得不那么疲惫。结果表明，拥有最佳布局的文字读起来更令人舒适。

市场营销从中可以学到格式的重要性。格式对邮件、网页、博文或者其他任何你能够生成的数字内容来说都很重要。你应该包含页边空白、副标题和段落缩进以提升读者的体验。

色彩对你的内容而言也同样扮演着关键的角色。要记住，虽然个人对特定色彩的反应难以预测，但是有一些偏好是普遍存在的。1994年，《实验社会心理学》期刊（*Journal of Experimental Psychology*）发表一篇研究，结果显示人们普遍将蓝色与积极的经验联系在一起。这意味着在你的邮件中使用蓝色是个不错的选择，只要确保谨慎地使用它即可。

我想讲的关于布局的最后一个元素是图像。2002年的一项研究显示，邮件的使用和转化率之间存在直接联系。已知大脑处理图像的速度远快于文字，因此在你的市场营销活动内容中添加一幅恰当的图像有助于强调你试图传递的信息。

总　结

编写说服性的网络内容是一种技能，它和其他任何技能一样需要长时间的磨炼和实践。然而，本章所述的这些原则能够极大地帮助你在博客、网站，或者邮件活动中撰写说服性内容。

缩短学习过程最好的方法就是建立数字营销者所说的“文案模板”。挑选出你认为有效使用了说服性写作的网站并收藏起来。对其进行研究，尝试着模仿他们的风格和选词。要想在网上找到登录页面的优秀例子比较棘手，因为如果没有一定的指引，你肯定只是逛来逛去，直到发现一个。有一种方法能够简化这个过程，那就是查看类似Unbounce这样的帮助人们创建有效网页的网站。他们的网站中有一整页关于他们过往的成功创建网页的案例。

有效运用说服性写作的关键之一是谨记在数字营销计划中的每一个文本元素，无论该元素是博文的标题、邮件的标题、你在自己网站上讲述的故事，还是你伴随行动号召的话语，它们都必须相互合作才能说服你的潜在客户使用你的服务或购买你的产品。目标不在于操纵，而在于了解人类大脑的工作机制以及你的文字对大脑的影响。不要急于一次性撰写网站的所有内容，要试着把每一页分解成一个个组成部分，并思考最适合运用哪些心理原则。

第十四章

图像的力量

有言道：“一图胜千言”。光有文字是不够的。市场营销者必须升级他们的“游戏”，为人们提供那些文字无法提供的丰富内容。

许多年来都有专门的网络空间分享照片和图片。我们通常不会把数字营销与这些社交媒体平台相关联。事实上，这些是以艺术和摄影为基础联结人们的单独的平台。

VSCO就是这样的一个平台。它也提供“常用滤镜”，以提升图片的质量和效果。人们想要对自己的图片做实验，而这款应用程序使他们不需要太多技巧也能做到这一点。

根据人类大脑的判断，我们所见的就是现实。人们会把自我形象和他们分享的照片相联系。照片能反映出他们眼中的自己，以及他们希望他人如何看待自己，这就是为什么人们希望自己的图像能够看上去完美，好让他们自己感到完美。这一点从某种程度上讲是对的，人们总是把自己与自己分享的艺术联系在一起。

例如，女诗人鲁皮·考尔（Rupi Kaur）以她的短诗和简单的配图闻名。

图像是人类大脑学习事物的基础，这就是为什么在幼儿园里使用图画书和动画电影来教育儿童。图像有助于视觉化，而视觉化是我们大脑处理信息的一个基本方法。想想你上学的时候是否如此。在阅读科幻小说时，我们会在自己的脑海中补充属于自己的画面。

图片所能表达的东西远多于文字。它们拥有魔法般的力量，能够表述复杂的想法和理念，就像人的脸部表情一样。例如，在科幻电影《阿凡达》（*Avatar*）中，导演詹姆斯·卡梅隆（James Cameron）构建了一个22世纪的世界。影片中所出现的想象出来的人形角色前所未见。

使用绝妙的图像和电影摄影技术使得为观众描绘这样前所未见的情形变得可能。

图片是通用的。世界各地的图片都不是孤立的。使用图片能够帮助你免除为不同语言和文化准备不同活动的需要。沃达丰（Vodafone）的祖祖（ZooZoo）广告活动就是其中一个例子。祖祖是沃达丰在营销活动中为宣传他们的增值服务而使用的像气球一样的白色人形角色。不久，该广告便迅速风靡全球。

该人物讲的都是些胡言乱语，没有任何人能听懂这种语言。

然而广告活动成功地把信息传递给了不同语言的人们。人物的图像和表情从中起了很大作用。

视觉文化随着社交媒体的普及而兴起。有一些网站专门为视觉内容和图像而设。照片墙和色拉布的成功就是最好的证明。分享图片的热潮高涨甚至使传统网站也从了绘画内容的“众”(比如脸书故事和瓦次普的状态等)。

在传统的纯文字对话中引入图像使网站使用更方便，还能增加使用率。以图像互换格式（GIFs）和表情包为例，见图14.1。

图 14.1　表情符号和 GIF 的截图

GIF是一种视频格式，通常是从更长的电视剧或电影视频中截取出的小段视频。它能够让人们回想起视频出处的场景。表情包是小型的类似卡通的插图，能帮助人们活跃对话气氛。它们的使用方法和先前就存在的表情符号类似。

GIF和表情包主要用于表达人们对特定消息或帖子的反应。然而，值得一提的是它们同样也可以被单独使用。比如，人们在电影院里发图时，一般都会发个爆米花的表情。

另一个对我们这些市场营销者而言很重要的是，用户可以定制或创建他们自己的表情包和GIF。因此，品牌能够做到把自己与人们和他们的不同心情相联系就变得很重要。

比如早上，人们可能会用咖啡或茶的表情。对像星巴克和布鲁克·邦德（Brook Bond）泰姬茶这样的品牌而言，能够打造正确的表情包，使消费者想起自己的晨饮时都能联想到他们的品牌和商标，这一点十分关键。

信息图

通过图片的方式传播信息和事实正是信息图的目标所在。网络市场营销见证了这种趋势几乎在所有的网络平台上兴起。它正在塑造人们分享事实和图像的方法。研究表明，所有进入大脑的资料约有90%都是视觉化的。

请看以下图片（图14.2）。你会先读哪一个？

“菠萝莓”一词是“菠萝”和“草莓”的融合词，是指一种较新的淡粉色或淡橘色至白色的草莓栽培品种，点缀着红色的瘦果。它是一种白色草莓，口感似菠萝。

菠萝莓是口感似菠萝的白色草莓。

图 14.2

大多数人会被第二张图片所吸引，尽管它并不是最先映入人们眼帘的。上两幅图传递的是相同的信息，但是第二张更引人注目，因为比起文本内容，人们更注重清晰的视觉信号和图片。

试想坐在会议当中，看了一整天的报告，疲惫又阴郁。可当你最终走出房间时，这么多的报告你可能只记得其中的一个到两个。多数人都表示，图像信息给他们的印象更持久，即便数日后也是如此。

信息图不一定总是需要复杂地融合文字和创意卡通或插图。你只需搜寻事实和数据，然后将其用图表和饼图（图14.3）而非数字的方式描绘出来，就大功告成了！

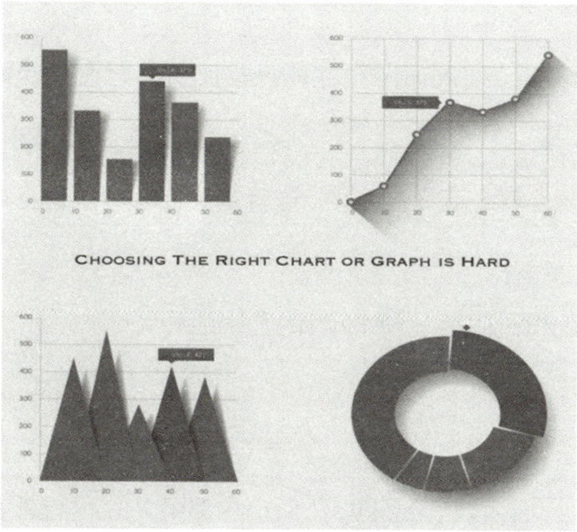

选择正确的图表或图形不容易

图 14.3 表现数字资料的方法

既然我们正在讨论如何用较少的图片表达更多的信息，我们就不能不讨论“命题密度”（propositional density）的概念。

命题密度

图像中的每样东西都能传递意义。每种色彩，每个形状和每条线都是图片中有用的元素。这些简单的元素组合在一起，如果能得到妥善运用，便能够传递更多信息。

我们的图像里并不需要总是充斥着复杂的数字，这正是命题密度原则告诉我们的道理。命题密度是指由一个元素或设计的单位元素所传递的信息量，遵循“少即是多”的原则。一个单独的设计元素传递出一整套理念。命题密度原则展现了元素和其描绘的理念之间的关系。

对于市场营销而言，高命题密度的设计比低命题密度的设计更为有趣。

例如，一语双关就是高命题密度，这就是为什么它们也更为吸引人，更容易被人记住。说起在自家的动画广告中运用一语双关，没人能够比得过阿牟尔（Amul）的营销活动。

命题密度同样也被用于商标设计。事实上，一些最为成功和最受欢迎的商标都符合“少即是多”的原则。

想想你最爱的品牌（任何品牌，任何产品都可以），再想想它的商标。你会发现这些商标有多么简洁朴素，然而它们却能够传达很多。

摄影技术

在几乎所有人都喜欢捕获精彩瞬间的这个时代，摄影技术对数字营销的影响前所未有。摄影技术由来已久，但现在变得十分普及，人们拍照再也不需要任何专业设备或设置。大家都能够即时分享照片，这就把摄影技术推到了网页市场营销的最前沿。

社交媒体上充斥着难以计数的图像。人们每时每刻都在刷新他们的资讯，甚至一分钟内刷新数次。每次刷新都会有越来越多的资讯和更新。因此，你的阅读者在一分钟内正浏览着几百张图片。这种情况下，你该如何确保人们不仅会查看你发布的图片，而且还能留有印象呢？

回到之前我们讨论过的会议报告的例子。呈现在你面前的所有幻灯片让你已经麻木到感受不到它们的存在。你甚至不在乎报告人到底说了什么或者幻灯片上到底写了什么。数字空间中的图片也是类似的情况。阅读者对图片已经麻木，除非有一张能真正吸引他们的眼球。你如何确保这张图就是你的那张呢？

让我们来看看都有哪些因素影响你在数字营销背景下的图像和资料。

了解你的类型

有些网页和商家发布内容并不频繁，但是他们却有更多的关注者。你也许会问，如果他们并没有分享许多的图片，那么人们关注他们是为什么呢？

消费者关注他们不是因为他们每天都期待看到新照片和新内容，而是因为他们知道能期待看到什么。也就是说这些资料都有某些分享的主题。

外观至关重要！你的网页如何呈现在观众面前很重要。保持你分享内容的一致性有助于你建立一批追随者社群。你的图片的画面和感觉要相似。

请看以下资料图（图14.4）并尝试分辨各自的主题。

图 14.4　照片墙中对应某些主题的资料图

作为营销者，我们还需确保我们视觉内容的主题和类型与我们的品牌整体特性相符。

比如，一家满足婴儿护理需求的公司可能会偏好柔和的质感、浅色系色彩和明亮的光线。相比之下，摩托车品牌就会使用霸气的图片，运用较暗的打光和更张扬的色彩。

描绘自己品牌的自画像

人们为自己拍摄的照片称为自画像。在网络营销中，这意味着商家们在宣传中尝试着使用自己而非外人的图片、产品和人物来描绘形象。

例如，阿卡什培训机构（Aakash coaching institute）在他们的广告里展示的就是他们自己的学生，以及他们的所长J. C. 乔杜里（J. C. Chaudhry）。

自画像不仅让你能够自己掌握自己的品牌形象，还能让你通过别人的视角审视自己。我们在“消费者感知”那一节中已经讨论过这一点的重要性。

商家们能够掌控透露自己的程度。透露的信息有限，就可以让他们保持神秘感。

关注你的“流”如何变化

图片流是特定情境下展示的一系列图像。除了维持你资讯的整体主题不变之外，检查你分享图片的顺序也很重要。

我们在前几章里讨论过，情境至关重要！任何图片我们只有在对照它与前后图片的关系时才能对其做出解释并得出最佳理解。

请看下图14.5。

图 14.5

你看到了什么？有些人也许会认为这是副抽象的艺术画，而有些人会觉得这是窗帘。

现在请在整个图片流（图14.6）中看同一幅图。

图 14.6　截图：作者照片墙账户上显示的整个图片流下的单幅图

当你在前后图片的情境下看同一幅图，你会有更宽阔的视野，能够帮助你更好地理解这幅图。

此处，图像流改变了观众看你的图片的方向。观众顺着流从一端到另一端浏览你的图片。如果想打破图片的顺序，你只需在图像间插入空白或间隙来打断流即可。请看如何做到这一点（见图14.7）。

图 14.7 作者照片墙账号的截图显示如何用空白打断流

括号表示不同系列。注意观众的意识流是如何被横向空白所打断的。

对于你的品牌，你必须确保你的照片流展现的氛围与你的主题相呼应，而你的主题又应该与你的潜在客户的兴趣相一致。

图像中的艺术科学

我们已经谈论了运用意象和画面呈现的手法来提升我们的营销技巧。然而，我们至今还未曾谈及如何提升整个意象概念的中心思想——图像！每张图片都运用了某种艺术。首先应当着重增加我们在这些图片中所运用的“艺术”表现。让我们来看看其中的一些法则以便更好地理解这一点。

峰值漂移（Peak Shift Principle）

我们常说需要了解一幅图片的精髓才能感受到它的艺术性。你需要理解它的精髓。每位艺术家都在尝试捕捉他们的题材的精华所在。无论是照片还是画像，创造者们都在有意无意地呈现他们正在捕捉的事物的最佳一面。他们把事物的“精髓”表现了出来。

这就是峰值漂移的内容。它是指对特定事物“精髓”的判断与“增强”。精髓可以是任意形式——形状、大小、色彩等。

例如，拍几张芒果的图片。根据峰值漂移效应，芒果的精髓是它黄中带红的色彩。因此，就该聚焦它的色彩。

芒果基调的饮品通常会把芒果图案的黄色进行增强，而且通常会让这种黄色在本该无色的水果阴影中依旧可见。那抹红（或橙）色同样也非常鲜明。

形状的峰值漂移效应几乎在所有描绘女性的艺术作品中都随处可见。这些作品会突出女性和男性的某些特定的身体特征。通常女性的体型类似沙漏，即胸部和臀部较宽，腰部较窄。

这种形状是女性身体的精髓。艺术家和广告商们通常运用峰值漂移效应使他们的作品更吸引大众的眼球。

请联想一下印度传统手工艺品或者阿旃陀石窟（Ajanta Caves）里的雕刻。

你会发现女性身形最吸引人的部分被特意凸显出来。

在关于女性健康、塑身或生活方式的杂志的封面模特上也能看到类似情况。

展现模特们的体型能提升杂志的诱人程度。

同样的，男性身材更偏矩形也更宽阔，且注重肌肉塑身。

广告商在峰值漂移定律下常用的一个技巧是创造漫画和卡通人物。人物漫画比较容易画，只需着重刻画脸部的一些特征即可。但要记住，选择突出哪些特征应当慎之又慎。第一步就是确认脸部的最佳或最有潜力的特点。

例如，安吉丽娜·朱莉（Angelina Jolie）以她的宽额头和棱角分明的下颚线著称，她的漫画像中也许就会留意刻画这两点。

对比法则

我们看待事物的方法并不绝对，而是惯于两相比较。当一样东西与周围其他事物不一样时，就会引起我们的注意。大家会觉得独特的事物更吸引人也更令人愉悦。如果要从两套衣服中选择一套，我们会把两套衣服并排放置进行比较。当我们说“健怡可乐”不甜时，我们对比的是同类型的其他软饮的甜度。虽然单喝健怡可乐不是没有甜味，但我们的判断并不仅仅基于某件特定的物品。

这便是对比法则的含义。对比法则是消费者思考和做出决定的依据。想要在你的营销策略中对其加以运用，你必须学会落实该法则的各种方法。

在你的照片和图像中使用对比法则时，一种基本但或许也是最重要的对比就是基于色彩。色彩对比永远存在于时尚、设计与艺术，以及照相营销中，这是不变的事实。相同视野中物体的“色彩”或“明亮”度在视觉感知上存在差异才会出现对比。

请看以下两幅图（图14.8）。

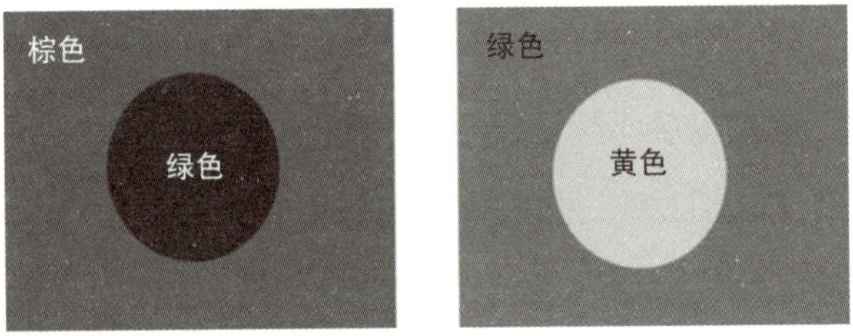

图 14.8　对比色和非对比色

你认为两个圆中的哪一个更为突出？第二幅图使用了对比色彩组合，因此更赏心悦目。对比色凸显了图像的一部分，从而使整幅图脱颖而出。

芬达（Fanta）和美国联邦快递（FedEx）都使用了同组对比色（藏青和橙色）。

分离法则

很显然，全彩的成品图画会更引人注目。我们在峰值定律中讨论的是找出特征并加以夸大。而使用不同方法的另一种法则名为分离法则。该法则下，我们不追求完整的增强图片，而是把图片隐藏或者只展示其中一部分。我们不着重强调任何视觉特性。

在分离法则中，艺术作品的单个元素会与作品的其他部分分开呈现。

线条画就是一个例子。据说线条画的简洁设计能有助于人们把注意力集中在真正重要的地方。那么当一整幅图只有这一部分得以展现时，这部分又怎能不引人注目呢。

女诗人鲁皮·考尔运用简洁的图画描绘女性的两个阶段。无须任何其他的细节，读者就能意会主题。当我们单独将某一方面分离出来，比方之前例子中提到的深度、阴影或轮廓等，我们就把观众的注意力全部导向了这一方面。包含色彩和阴影在内的任何视觉特性都能被分离出来，以达到增强图像冲击力的效果。

作为营销者和卖家，分离法则对价格和质量等非视觉特性也同样起效。优质或者廉价的产品会被刻意与劣质或高价的产品放在一起。对此我们之前在书中已有详细的论述。

这里我们需要注意的很重要的一点是，我们不应该把峰值漂移和分离法则相混淆。峰值漂移突出图像自身被选中的特点，而分离法则是去除图片的所有其他部分。

格式塔或视觉组块法则

与峰值漂移和分离法则都能同时运用的一条法则是格式塔组织法则（principle of grouping）。

顾名思义，组块（chunking）就是把事物分解成更小、更简单的单元。当我们面对复杂的文字或图像资料，我们的大脑什么也记不住。通过组块过程，这种复杂物就被分解成了一个个微小的单元。

但是，这个过程到此并未终结。

这些小单元随后被“组织”在一起形成一幅图像。就是这幅形成的图像给我们留下了印象，并被我们的大脑记住。

马赛克艺术作品同样也遵循了视觉组块的概念，这就是这些作品比普通图画更为突出的原因。

让我们来看图14.9：

图 14.9

就像峰值漂移一样，视觉组块法则用于把注意力引向已经通过安排得以突出的物体。一旦图像成功捕获了我们的注意力，我们就会反复观看该图像。试着再看看上面的图片，你会发现确实如此。这些图像已不再仅仅是一堆堆点和碎片了。

简言之，格式塔组织法则能够帮助你的观众更好地理解你的图像。

视觉隐喻

如果你是广告商，请格外注意这则图像技巧，因为它能让你的广告活动轰动全城！

众所周知，隐喻能起到美化语境的作用。我们身边时常能听到和看到隐喻。隐喻甚至能让最简单的话语变得引人入胜。视觉隐喻的概念也与之相似。

据诺奎斯特（Norquist）称：“视觉隐喻是将人物、地点或想法通过与其有某种关联的视觉图像加以呈现。”该方法把两种元素加以结合，形成一种任一元素单独呈现时所无法达到的新效果，这为图像所能展示的内容创造了全新的概念。

一些最受好评的和最令人印象深刻的营销活动都使用了视觉隐喻，这也是视觉隐喻常被各种组织用于传递社会信息的原因所在。

例如，以下是法国健康部发布的一幅图14.10。

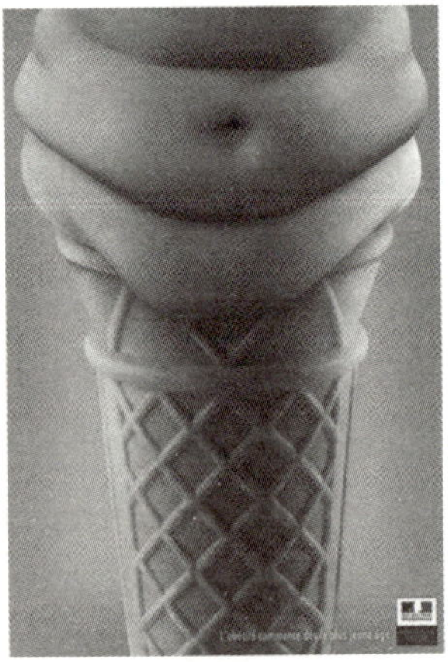

图 14.10

该图描述的是儿童肥胖问题。大肚腩和冰激凌这两种元素被结合在一起，表示吃冰激凌会导致儿童肥胖。这种图像不仅能立刻引起观众的兴趣，还能被长期地记住。每次吃冰激凌时，这则广告就会在脑海中闪现。

运用视觉隐喻需要注意的重要一点是，应当让大家能够轻而易举地读懂你试图传达的信息。就像在语言中的隐喻一样，任何难以理解的就会被遗忘。因此要保持简单明了。如果消费者无法正确理解你的图像，那么就违背了整个目的。要谨记你的受众和你的产品的功用之间的关系。请看下图14.11。

图 14.11

用户是要“喝”啤酒，因此酒杯用了另一种元素（灯泡，light bulb）来呈现。

视觉隐喻让营销者能够用创新的方式表达广泛的想法、经验以及概念。它与文学隐喻（想想莎士比亚的诗）非常类似，能够提升简单事物的魅力和力量。

对称法则

人类天生偏好对称物体。我们的大脑对物体甚至周遭人物的吸引力的评价都基于对比例和对称性的偏好。我们崇拜的男女影星的面部构造比普通人的比例更好。我们的大脑对人类同伴有潜意识的判断，那么为何不能对图片和视频也同样如此呢？

你还记得为你的学校项目制作万花筒并往里窥探吗？我们总感叹这些图案从所有角度看都完全对称。作为成年人，我们也许不会那么着迷，但任何对称的图像还是会比非对称的同类图像更能引起我们的兴趣。

你的图片可能不是几何意义上的完美对称，但是它们在整体的观感上必须对称。我们的环境中也有各式各样的元素有着完美的天然对称性。在你的图片中运用这些元素也能令人赏心悦目。比如，请看下列图片 14.12和14.13。

图 14.12

图 14.13　呈现整体对称性的图片

对称效果可能并不单独奏效，而是通过对比我们研究过的其他法则来提高图片中物体的魅力。

有序法则

我们都有最爱的音乐类型，它能抚慰我们，让我们平静下来。但到底什么是音乐？音乐是用特定样式或“秩序”放在一起的音符所形成的旋律。

图片也是同样的道理。图片中的元素以某种“秩序”组在一起形成一个整体。就像一串音符一样，如果一串元素被逐一拆分，那么单个元素会变得毫无意义。单独一片花瓣的图会比旁边加上一朵玫瑰的图逊色些。后者会让人联想到飘落的，或是被摘下的花瓣。

图片中元素的秩序能够表现某种情绪。例如，如果花朵与花园或树叶等放在一起，它们展现的是快乐或愉悦的事物。然而，同样的花朵如果被放在黑暗且单调的环境中，而且带着刺，那么它们展现的就是黑暗或伤感。

蔡格尼克效应

你是否曾在奈飞上熬夜追剧？是否曾整夜盯着你的电脑屏幕，每45分钟就点击“下一集”？如果回答是有，甚至是可能有，那么问问自己，是什么让你一集接着一集地看，即便早就过了睡觉时间，即便这个剧也许都不在你当时的优先列表里？

这个问题的答案就是一种简单的营销技巧，名为蔡格尼克效应（Zeigarnik effect）。虽然半夜看网剧不是什么重要的任务，但正是蔡格尼克效应让你欲罢不能。

该效应的精髓就在于“未完成的工作”或“未竟之事”。这指的是我们更愿意去完成还没有做完的或还没结束的事。

回想一下每一集电视剧都是如何用一个特定的问题结尾，在你的脑海里留下悬念。迫切想消除悬念、揭晓答案的这种想法促使你观看下一集（再下一集，又一集）。它不需要是一个大谜团或大悬念，只要是个微小的不那么重要的问题即可。正是蔡格尼克效应使我们想要了却这桩小事并“完成”我们的任务。肥皂剧和电视剧制作人会使用这种效应去激发他们观众的未完成感。

该效应还被科幻小说和书籍的作者广泛应用，这就是他们保持读者废寝忘食的手法，通过建立逻辑线来激发“只需再读一章”的感觉。

人们想完成未竟之事的这份渴望激励着他们抵达终点，这与消费动机类似，消费者的这种渴望对营销者来说十分有利。消费者热衷于已完结的故事和已有的定论。作为故事的创造者和叙述者，你的权力高于他们（但要记住，消费者是市场之王。我们稍后会讨论这一点）。

作为营销者，你能将该效应应用到你的摄像制作中。动用一系列能够串在一起的照片、视频或图像创建出的内容，形成一个故事循环。这样，读者对结尾就会有期盼。他们会等待最后一幅图。

社交媒体同样也能在数字营销活动中运用该效应。在帖子和故事之间抛出问题，与你的观众进行互动。网红总是在他们的旅游博客或视频博客中使用这种办法，与关注他们的人共享旅程。人们想要抵达旅途的终点，这样他们就会一直参与其中。

然而，容我提醒你我之前曾说过的话：消费者是王。要确保你没有过分使用蔡格尼克效应，否则会遭到反噬。我在本书的前面还提到过一点：永远不要承诺你无法实现的事。如果你使你的消费者对某事有所期待，那么就确保你不会辜负他们的期许。你不希望人们觉得你浪费了他们的时间，你也不希望他们感到这个结局或者你的品牌不值得期待。

分心法则

之前我曾提到过，我们最多只能吸引人类大脑差不多6秒的注意力。人类的注意力比金鱼还要短。

这6秒钟包括大多数网站需要的2秒到3秒的加载时间，也就意味着你能拥有的时间只剩下50%。你要用这一半的时间去完成吸引潜在消费者的目标。即便技术基础设施有所提升，但随着网站的人流量增加，速度还是会降低。你要么有优质的内容，要么提速。人们的耐心并不多，并且有其他一大堆选项可供他们选择。你很有可能在短短几秒钟内就失去他们。这听上去压力很大，不是吗？

分心技巧能够为你解决这个问题。**当网页在加载时，我们使用图像和动画短时间内分散网页访问者的注意力。重点是这**

些动画能让思维保持活跃，并防止访客失去耐心。

请看下列图像（图14.14）。你能认出来吗？

图 14.14

这是谷歌在你想要浏览的网页无法加载时所显示的内容。

当你点击图片中的恐龙，或者当你按下空格键，你会在等待网络重新连接的同时进入一个简易的动态游戏，见图14.15。

图 14.15

这让用户保持忙碌和专注。

其他普遍的动画还有加载时显示的动态圆圈图标或进度条。大多数网页事实上都使用这些动画。它们能迅速抓住注意力，让人们分心，不再去想网页很慢的事实。人们会关注动态进度条和其他动图，以致忘记去注意加载网站到底花费了多久。

处理流畅性

每个人都喜欢简单的方法。谁会想为难自己呢？那么他们对自己浏览的网页为何不可有相同的诉求呢？

处理流畅性（Processing Fluency）告诉我们，消费者偏好取决于他们大脑处理和理解信息的容易程度，这告诉我们，浏览者很显然会去那些便于浏览的网站。研究表明，大多数人会在想要感受平静时去网购或者至少浏览网站，这像是一种零售疗法。那么，他们又怎么会想要浏览复杂的网站让自己的大脑倍感压力呢？

处理流畅性能确保你的设计和网站是“直观的”，这意味着，这些内容对用户而言简洁易懂。当信息通俗易懂时，人们很容易就能接纳它。因此，作为营销者，我们也应该注意自己的文字信息是否直截了当。

什么能创造轰动：什么能病毒式传播

病毒性疾病能够人传人。病毒自身无法传播，人却可以让其实现传播，这正是病毒式营销同样起效的原因所在。商家依赖用户创建和扩展他们的信息。就像生物病毒一般，病毒式信息有能力繁衍并覆盖大批受众，并且能被分享给比原定受众群体更为广泛的人群。

病毒式营销之所以能起效是基于人们愿意分享特定内容。用户自己选择他们想要或不想与朋友分享的事物。公司扮演的唯一角色就是“创造”图片视频或任何有趣到能够引起轰动的信息，并发布出去。你已点燃了火花，自此，你只需静待野火燎原，但这并不像听起来那般容易。

让我们进一步分解这一概念，看看我们有哪些方法能够策划实施病毒式营销战略。

鉴于其广泛的可及性、连通性和便于分享的特点，社交媒体平台成了病毒式营销的培养皿。无论是脸书、照片墙、瓦次普、优兔网，抑或其他任何平台都是如此。难道我们不是每天都在转发和分享吗？但问题来了，哪种事物我们事实上分享得最多？

最容易疯传的内容包括卡通式物品、自发创建的经过处理的图像，以及搞笑的内容。我们可以把所有这些归纳于“梗”（Memes）的范畴之内。

梗

在我们单调而繁忙的生活里，梗让我们从一切的嘈杂中有了一份幽静。它让我们的心情变得轻松。梗迷人且有趣，而且只要你知道这些梗的出处就很容易懂。例如，假设一个梗是基于一个科幻人物的习惯，如果这个系列你连一集都没看过，你就没法理解这个梗。梗有助于我们表达自己并产生社会联系。

梗不仅仅是图片，更是一种可以修改并使其适应不同概念的想法。我们可以说梗就像一个模板。

梗已然是一种可被分享的广告式样，有潜力在短期内爆火。相较于其他形式的广告而言，梗（或病毒式营销）的最大优点就是没有额外费用。所以基本上，它就是免费的营销！

当你把梗融入你的视觉内容里，消费者就能够感同身受。他们感到亲切，并因此跟你的图像和你的品牌产生了联系。

比如，如果一家清洁剂公司写道“像莫妮卡·盖勒（Monica Geller）那样干净”，所有《老友记》（*Friends*）的粉丝们都会立刻读懂。看到别人也能和自己感同身受，这让他们感到兴奋。

梗最擅长提醒读者某种特定的情绪或感受。让我们来看看一些疯传的情绪类型。

幽　默

值得注意的是，幽默和梗之间有着莫大的关联。幽默的内容能够激起其他任何情绪所没有的联系感。事实上，几乎所有的梗都有诙谐的成分。无论讽刺还是诙谐，幽默的梗都是互联网上被分享最多的内容之一。

奈飞也在其社交媒体上用幽默来娱乐观众。在其中一个帖子里，他们抛出了一个梗，借以嘲笑高中题材的电视连续剧雇佣28岁的演员扮演十几岁青年的事实。

政治性帖子

政治人物（像贝拉克·奥巴马）及与其相关的事件［比如纳伦德拉·莫迪（Narendra Modi）所使用的“伙计”（Mitron）一词］是梗和视觉内容中常见的事物。人们使用这些去编造自己的笑话并表达自己的观点。发布与政治相关的帖子应当慎之又慎，因为这样的争议可能为你的品牌带来负面影响。

莫迪总理向全国发表演说，建议所有印度人都自立自强（印度语“Atmanirbhar”）。Tinder随即发表了这则动态（图14.16）。

图 14.16
来源：Tinder_India Instagram。

尴　尬

这是一种大多数人都难以表述的感觉。但是借用梗或者其他让人联想到尴尬的图片，人们就会分享这些用以表达自己。商家可以广泛征集使他们的消费者感到尴尬的话题。“奇波雷”（Chiptole）对其消费者偷窃饮料和辣酱这件小事的处理就是个很好的例子，见图14.17。

图 14.17

该商家并没有对消费者采取强硬立场，让消费者尴尬，而是把这件事变成了一则诙谐的笑话。达美乐在印度也同样可以使用这招，因为其消费者总是要求在订单中多加香草和辣椒片。虽然拒绝你的消费者并非明智之举，但把它转化成此类的品牌机遇却是个明智的选择。

可　爱

婴儿、小奶狗或者可爱的动物图片是互联网上又一种被转发最多的东西。这种类型的图片让人不禁“啊啊啊”。他们使我们感到快乐和满足。在那一瞬，当我们看着图片或视频，我们觉得一切都很美好，把烦恼抛在了脑后。

愤怒和悲伤是最不会被分享的两种情绪。有研究表明，正向的内容更容易被分享。没人希望别人在看了自己的信息后变得伤感。类似地，病毒式内容通常与某种情绪相关联。我们已经详细讨论过情绪在营销中的重要性。人们会分享那些以各种方式左右他们情绪的东西。

场景视图

你已经吸引了你的观众的注意，他们正在看你的图片。但是他们最先看的是什么？图片中的什么会在最开始的瞬间引起他们的注意？

当人们浏览图像时，他们不会花费时间逐一查看，整块屏幕对他们来说是一片模糊，随机有颜色和方块略过，直到他们点击一张图片或者转移注意力到某一张特定图片上。

同样地，当人们在浏览你的图像时，你的图像对他们来说像个上色的方块。我们需要明白他们的眼睛最先观看的内容和位置。这一点对营销者而言至关重要，因为他们的眼睛扫到哪里他们就会看到哪里，他们的注意力就会集中在哪里，我们图像中最重要的因素也应该放置在哪里，这就是我们的主要信息应该投放的地方。

让我们来了解观众是如何观看我们的图像的。

中央凝视偏好

研究表明，当我们在观看整个场景或图片时，我们倾向于聚焦图像的正中央。就像我们曾研究过的所有艺术法则一样，不管图片有何其他特征，人类的眼睛最先凝视的是正中央。

当看到这条谜语时（图14.18），大多数人最先注意到的是“sea”这个单词，因为它在整个视图的最中央。

w	f	b	s	w
e	i	r	e	a
t	s	e	a	t
w	h	a	l	e
b	l	u	e	r

图 14.18　找词游戏

接下来请看这幅画（图14.19）：

图 14.19

你可能会认为这是你童年时期的画作？我们在儿童时期都曾经至少画过一次或给这种图上过色。

注意这幅画的主要元素——太阳和小河——都在纸张的正中央。两座山也在画的正中相连。这幅简单的画同样也遵循了中央凝视（central fixation）法则。孩子在看这幅画时会把最大的注意力放在正中间；因此，这也是多数色彩和形象会出现的位置。

即使主物体偏离了中央凝视点，观众最先注意到的依旧是他们视野的最中央。视觉特性的分布不会影响该偏好。

作为营销活动的发起人，这则凝视偏好对我们而言很重要，有助于决定我们自身元素在图像中的位置。既然我们知道消费者会关注哪里，那么在此我们就要放置一些我们希望他们注意到的东西。

如果你想要拍摄你的产品或者产品相关事物的相片，你必须将其放在正中的凝视点上，把你不希望消费者注意到的那些不重要的事物放在角落。

比如，依照法律规定，你的广告活动中必须包含某些特定的信息和事实。你不希望，但你不得不在你的视觉屏幕中为他们留一点空间。

你会发现，这些种类的信息或事实永远不会被放在视图的中央。

横向视图偏好

除了最初的聚焦点有偏好之外，人们还对观看整幅图像的方向有所偏好。人们更喜欢横向而不是纵向看图，这意味着看任何图片或屏幕时，我们都倾向于从左到右或从右到左地扫视，而不是从上到下地看。

请看下图14.20。外部的矩形是所给出的图像，箭头描绘了我们看图像的方法。

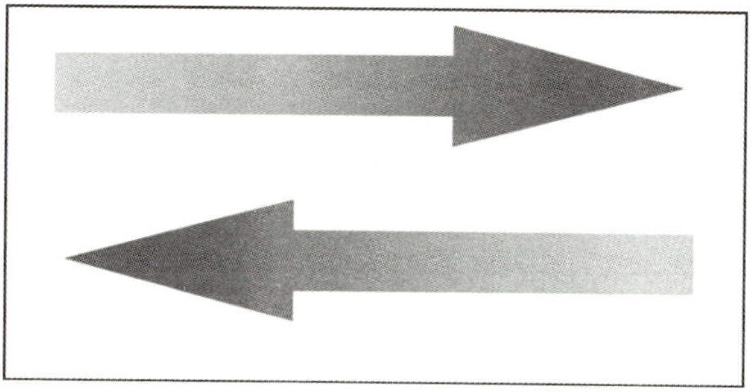

图 14.20　横向偏好下的看图方法

这是种自然现象，因为人类的眼睛在身体的位置就自然地遵循横向感知。因此，我们会如此看图并不稀奇。

在横向偏好下，人类的眼睛还存在另一种偏好。看图时，人们会从左角往右角看。因此我们看图的方向应是如此，见图 14.21：

图 14.21

这不意味着屏幕的右角就该被完全忽略。数字视图的每个部分都至关重要。事实上，某些布局特别要求你把重要的东西放在右侧。在这种情况下，就要利用其他法则去增强图像并引导注意力。

在讨论物体的放置位置时，我们必须同时留意视觉布局。这里我们就要涉及“三分构图法”。

请看下图14.22。

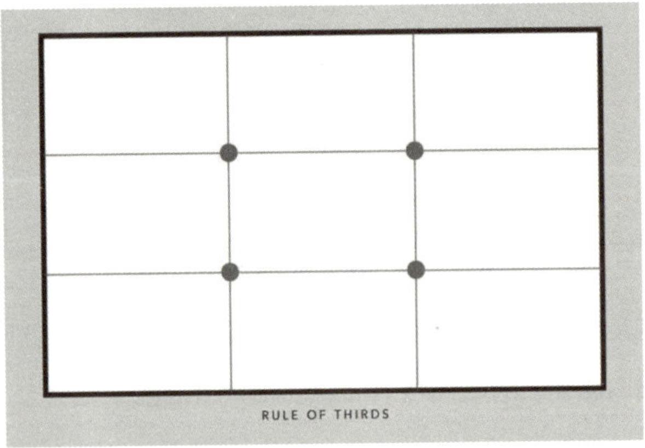

图 14.22　三分构图法

根据三分构图法，你的视觉陈列区域必须像上图描绘的那样分成横竖交织的网格。现在这九个矩形可以根据元素的重要程度来放置元素了。

四个焦点是重要位置，把图像放在这里会使整体构图更加有趣。

要了解你的营销活动该如何布置，以及你的图片上除了视觉元素外该如何展示信息，视图偏好都是关键。

当我们在决定网站和博客的视图时，视觉偏好对我们而言仍然重要。它让我们能够利用好最大程度吸引访客和观众注意的东西。

三张人脸

所有的商家都会在他们的视觉内容中使用人作为元素。无论是品牌大使还是产品代言人的面孔，我们的展示中都包含人脸。该法则告诉我们，观众最多注意其中的三张人脸。

理解该法则的最佳方法就是观察电视剧和电影的海报。

诸如《老友记》、《绯闻女孩》(*Gossip Girl*)、《河谷镇》(*Riverdale*)和《金装律师》(*Suits*)等电视剧在它们的展示页上都只展现了两位到三位角色，尽管剧中的主角远不止如此。比如，情景喜剧《老友记》中的六个人物戏份相当，但只有两位常常出现在他们的宣传海报上，《绯闻女孩》和《金装律师》也是如此，见图14.23。

图 14.23

该技巧背后的逻辑是，太多面孔（或者其他元素）会让观众分心，进而更难领会图像。

情绪复杂程度

人脸是了解万千思绪的窗户。你与你的挚交好友或重要的伙伴可能仅凭眼神就能交流。表情是人际互动的重要组成成分，让人们感到联系在一起。

当他们不需言语就能够读懂复杂的表情时，他们会觉得和你有某种默契，这就是为什么人们在和至交好友交流时通常会使用不说出口的手语和表情，但不会与其他的朋友这么做，因为他们与至交好友更有默契。

因此，当使用人脸时，在你的图中加入复杂和有趣的人脸表情会引起更多的关注。表情也让我们能够仅凭单独的一张照片或面孔传递不同的信息。

“乐事微笑活动”就是营销中使用复杂表情的案例之一，见图14.24。

薯片的包装运用了微笑的复杂表情来吸引客户。除此之外，人们还发现点击图片会很有趣。

图 14.24　乐事活动

文字和图像双管齐下

有观点称，试图描述一幅图会毁了观众心中这幅图的美感。对一幅图进行解释会限制观众脑海中第一反应表现出来的理解的创造力。没有文字的图像对观察者而言好比一面镜子，让你思考自己切实的感受。它们给我们一个机会去内省自己的想法，并告诉自己对这幅图来说我们是谁。

我们把图片和一段记忆或者只有我们自己能感受到的某种东西联系起来。这样，我们便和图像建立了某种只有我们才能懂的联系。

（如果运用得当，正确的图像能有助你的消费者建立与你的品牌的联系。）

例如，请看下面这幅抽象艺术画（图14.25），问问自己看到了什么？

图 14.25　抽象艺术

有些人看到了圆圈；有些人觉得是岩石，另外一些人看到的是一副描绘太阳系的艺术画。

如果我现在告诉你，上面这幅图名叫“篝火”（*The Bonfire*），你看这幅艺术画是不是开始变得和篝火相似起来？

即便是一句话的描述也能改变你对图画的观点，这就是为什么多数艺术家不会给自己的艺术作品添加名字。哪怕短短一个词的标题都能影响你看图的方式。

如果文字会扰乱我们对图像的印象，那么我们为什么还要用文字呢?

研究表明,把语言融合进图像能够加速信息理解。可视化和语言化事实上可以相互提携,成为有威力的两件套。只用文字,只用图像,以及图像和文字并用都对人们有不同的影响。作为营销者,我们应当意识到这两方面是怎样加强交流的,并确保在我们的数字营销策略中对其进行合理运用。

对图片的描述

我们随图片一同提供的解释或文字会对观众产生直接影响。有时,人们喜欢透露一些关于图像的非常个人的信息,从而产生心意相通和被信任的感觉。

“孟买人”(Humans of Bombay)就是这样一个短语,它受到欢迎是因为它的描述带有个性色彩和人情味。

描述揭示了一个人的信仰和意识形态,这就是为什么有些人倾向于避免进行描述,以保护他们的隐私,并在其他人面前保持一种神秘感。

我们之前讨论过的两种情况的交叉可以通过限制描述字数来解决。我们不需要总是为自己发布的东西提供详细的说明。一句简单的话或者一段简短的说明文字一样足够能传递我们的想法。

这就把话题引到了标题的概念上。

图片标题

为你的图像创建标题就像给宝宝取名一样。没有名字，人们就不知道你指的是哪一幅图。

我之前提到，艺术作品通常不会取名，以便观众根据自己的想象自由理解。虽然事实如此，但同样地，为你的图像加上标题能把人们的思维拉到我们希望他们能想到的那些想法上来。

只需短短几个字的标题，就能阐明分享图片背后的动机。

作为营销者需要注意的另一个重要的点是，添加标题有助于避免争议，这是在考虑是否在你的图像上加文字时所要顾及的最重要的因素之一。对文字的使用加以限制能够避免不必要的宣传，为我们实现双赢。

图片评论

记住，发布图片和图像后，你的工作并未结束。你需要追踪人们对它的看法，以及他们如何将其与你的品牌联系在一起。你必须留意你的图像的评论区。评论区就像是为你的营销工作提供反馈的一个平台。有时人们还会对你的分享或者对你的品牌提问。好的营销策略会尝试回答所有问题，这会提高消费者的参与度，并有助于建立联系。

不时对你的竞争对手的图片进行评论，表达对他们新的商业冒险的支持也是一步好棋。向你的同类型伙伴提供支持会让大家更相信你。汉堡连锁店麦当劳和汉堡王（Burger King）就是一个例子。汉堡王为了拥护麦当劳的慈善宣传活动而停售其王牌产品“皇堡”（Whopper），此举为汉堡王赢得了许多赞赏，见图14.26。

没有皇堡的一天

今天我们停售皇堡

以支持我们竞争对手的事业

图 14.26 汉堡王的帖子

公司使用评论的另一种方法是加入舆论战。这里是指一个品牌在社交平台上通过公开评论回复另一个品牌的帖子来对其加以嘲笑。

推特战能迅速疯传。然而，必须谨记的是，这些战争只是营销手段，不能有任何的严肃性质。你不希望人们或对方品牌对你产生恨意。

我们得出结论，即图像是赢得消费者参与度的有力手段，运用时必须与你的组织的信息相辅相成。每一幅图像都能映射出你的品牌形象。与任何视觉内容所能带来的益处相比，代表公司发布的任何不恰当的图片或视频都能造成更为巨大的伤害。

致谢

写成一本书需要来自许多人和机构的大力支持。首先，我要感谢印度管理学院班加罗尔分校（Indian Institute of Management Bangalore，IIMB）为本书提供的良好学术环境和资源。

如若没有学术人员帮忙做次级研究、收集信息，以及帮助撰写初稿，这本书不可能顺利成文。我对这些年轻有为的研究人员致以衷心的感谢，没有他们的奉献和热情，这本书便无法问世。感谢尼提亚·古普塔（Nitya Gupta）、萨佳·斯里瓦斯塔瓦（Sajal Srivastava）和普兰舒·马哈詹（Pranshu Mahajan）对该项目的投入和无限热情。正是他们对卓越的追求保证了团队创作的严谨性。

我要感谢慷慨准许我们在书中使用他们资料、例子、插图、案例分析、图像及截图的各个公司和营销者们。没有这些素材，这本书不可能如此生动且令人信服。

我要衷心感谢赛吉出版公司（SAGE）合作出版本书并对本书做出了专业的引导。我还要感谢马尼莎·马修斯（Manisha

Mathews）所提供的策略指导、审稿和权限支持，并感谢她负责监督该书出版。

感谢我的父亲莫汉·库马尔·达尔米亚（Mohan Kumar Dalmia）和母亲安妮塔·达尔米亚（Anita Dalmia）在鼓励我写这本书方面所给予的不懈的精神支持。我很感激我的阿姨因杜·戈尔（Indu Goel）和舅舅卡姆利什·卡诺迪亚（Kamlesh Kanodia）给我无限的支持、爱与祝福。我还要感谢我的兄弟阿希什（Ashish）和姐妹阿尔卡（Alka）给予我持续的支持。最后，我由衷地感谢我的儿子阿迪蒂亚（Aditya）和女儿米塔丽（Mitali）如此地支持我，并忍耐我长时间的工作。他们一直非常鼓励我，并用他们的爱和柔情点燃了我的心。